La
part
maudite

棱镜精装人文译丛

主编 张一兵 周 宪

被诅咒的部分

La
part
maudite

GEORGES
BATAILLE

〔法〕乔治·巴塔耶 著 刘云虹 胡陈尧 译

南京大学出版社

丰盛即美。

　　　　　　——威廉·布莱克

目录

引言　巴塔耶与世界

　　乔治·巴塔耶始终在作品中焦虑地寻找一种几乎不可能的表达，他的作品因而经常呈现出强烈的否定性，但同时，他不停地、没有保留与局限地对世界说"是"。对巴塔耶的作品而言，这丝毫不矛盾。他向世界敞开，既为最好的，也为最坏的；既为最激烈的，也为最卑微的①。他渴望无限且毫不羞怯地理解世界：他始终重视交流，注重自己思想与他人——"所有其他人"②——思想的契合，并认真关注每一位对话者。这些都证明了这一点。他不断表现出持久而充满热情的努力，尤其在壮年时期，往往以令人疲惫不堪又枯燥乏味的资讯工作为代价，根据自身纷繁经历中的那些直觉，力图对我们眼前发生的各种同样纷繁的事件进行阐释，这也证明了这一点。并且，这样的阐释毫不忽略事件的任何方面，包括那些出于所受教育和大部分朋友的影响，他可能倾向于忽略的方面，以及那些属于人

---

① 在《有罪者》(*Le coupable*)（第二版，修订版，伽利玛出版社，1961 年，第 35 页）中，他指出："……如果只有未完成的世界，每个部分的意义并不小于整体的意义。"并且，他对自己在驶入圣-拉扎尔站的火车上体会到的微不足道的感受提出质疑，补充说："在心醉神迷中寻找一种真理，这个真理把我提升到完美世界的层面，又将取消一辆火车进站的意义，对此我感到羞愧。"

② 《有罪者》，序，第 XIV 页(注释)。

们通常称之为"经济学"的方面。

　　尽管，除了谦逊地承认自己的"无知"，他还长期感到这个"世界……"对他来说"只是一座坟墓"，感觉自己"迷失在地窖的长廊"①，并坚信他所能做的仅仅是让"他的思想慢慢地……归于沉默"②。然而，即使是在神秘主义时期的那些似乎构成其作品最尖锐部分的著作中，他也没有停止重新开始，没有停止呼喊"还没有！"，没有停止暗暗地向他人、向世界投去充满热情的目光。在最强烈的痛苦折磨下，他预感到这个世界只有作为"一个灾难"（人，"或许，就是灾难的顶峰"）③才能被全部理解，但他却从未放弃对世界的了解与表现。

　　事实上，巴塔耶作品的相当一部分，从《耗费的概念》(La notion de dépense)到《被诅咒的部分》，都致力于这种表现世界的尝试。这些文本或许并不是其作品中最光彩夺目的，并且它们会使那些习惯于以更有序、更有逻辑性的推论形式来讨论类似问题的人感到惊异。但我可以证明巴塔耶给予这些著作在其全部作品中的卓越地位，也可以证明他心

————————

①　《有罪者》，第9页。

②　《有罪者》，序，第XIV页。

③　《有罪者》，序，第XIII页。

中萦绕的忧虑：暮年正在来临，却还没能成功地将他所希望的那种更加深入的形式赋予这部有待完善的著作，这一形式本该辉煌地推进其思想的统一。巴塔耶思想的统一性已经非常令人瞩目，不仅因为他在研究中取得了种种进展，也因为在生命的最后几年中，他执着地期望能修订《被诅咒的部分》，就像他希望将真正的圆满赋予其全部作品中的所有这些方面。这种真正圆满的完成本可以构成他自己所表明的关于普遍历史的一种尝试。

诚然，巴塔耶始终清楚，只有这个"大胆的翻转"才能最终以"与世界和谐"的整体动态观取代那些毫无生气的孤立思想，而在它出现之前（就像他在《被诅咒的部分》前言中所强调的），一种对外部世界进行阐释的方法必须依赖于根据坚定的理性准则所进行的预先研究，依赖于对只有在专家那里才能收集到的资料的积累，也许还取决于好奇、担忧和探究的集体氛围，而探究意味着与那些或多或少被政治或经济范畴的忧虑所激励的团体一起密切参与。

乔治·巴塔耶生命中至少有两个相当长的时期是完全具备这些条件的。第一个时期是 1930 年至 1935 年；这一时期的主要标志是巴塔耶与《社会批评》杂志的合作，以及他与当时聚集在这本杂志

周围的那些人几乎每天都有的频繁往来。第二个
时期从《批评》杂志的创办开始,直到《被诅咒的部
分》出版。在这两个时期之间,从 1939 年及《有罪
者》一书的撰写开始,他经历了数年的内心沉思。
这本书借助一场将一切都牵连其中的动乱而展开,
于是成为一种对此后似乎处于绝境并让他感觉"停
滞不前"的行动和研究的解放①。

　　巴塔耶思想演变中的这种交替不应遮蔽一个
事实:追寻思想与世界的和谐,强烈憧憬"将概念与
世界的行动自由同等看待的极度思想自由",这在
他的生命中,随着他年龄增长而具有越来越重要的
位置,他甚至从未停止过这种追寻和憧憬。

　　如果我们回忆几个日期的话,便会发现这种坚
定不移的关注显而易见。当巴塔耶为《社会批评》
杂志撰写《耗费的概念》时,他即将 35 岁;当《被诅
咒的部分》出版时,他即将 52 岁,他在该书的前言
中表示,这本书是十八年工作的成果。因此,我们
可以将这一思考的开始确定在 1931 年。事实上,
应该追溯得更远,上溯至 20 世纪 20 年代末那一时
期。当时,或许是在阿尔弗雷德·梅特罗(Alfred
Metraux)的推动下,他了解了马塞尔·莫斯

──────────
① 《有罪者》,第 32 页。

(Marcel Mauss)在《论馈赠——古老的交换形式》(*Essai sur le don, forme archaïque de l'échange*)中阐述的"夸富宴"(potlach)理论,该文1925年发表于《社会学年鉴》。这一发现似乎是他后来不仅对人种学产生兴趣,而且对经济现象越来越着迷的最初根源。此外,它还仿佛是一种灵感,促使巴塔耶将世界想象成是被沸腾所鼓舞的,就像从未停止占据他个人生活的那种沸腾。

这一想象的主要内容已经在《耗费的概念》中出现,这篇言简意赅、光芒四射的文章构成巴塔耶关于世界、关于世界之人的思考的轴心。

在这篇文章里,我们发现,巴塔耶深受莫斯和其他人种学家对原始经济制度所进行的观察的启发。他们指出,在原始经济制度中,"交换被视为对出让物品的一种奢侈性损失",并"因此在根本上表现为一个耗费的过程,而获取过程正由此发展起来"。在这一启发下,巴塔耶确信"生产和获取相对于耗费的次要性":一个"平静而与其信念相符的世界"将被获取、生产和保存这极为重要的需要所支配。这样的想法只不过是一种"简单幻想",而我们生活的世界注定要损失,甚至社会延续本身只有以不断增长的巨大非生产性耗费为代价才能成为可能。巴塔耶强调这个观念与他对色情和焦虑的个人经验一致，与被父亲的吝啬和理智行为所折磨、渴望浪费的儿子的经历一致，甚至与精神分析的某些数据一致。在他看来，这个观念可以阐明大量的社会、政治、经济和美学现象：奢侈、游戏、演出、崇拜、背离生殖目的的性行为、艺术和狭义上的诗歌都是非生产性耗费的表现。它甚至为文明史提供了首要的阐释基础："通过发展而改变形式的生产和获取确实引入一个变量，对这个变量的认知对于理解历史进程而言是根本性的，但生产和获取仅仅是从属于耗费的手段。"

　　至于人的生命，它只有与这样一种世界的命运相一致，才具有意义：

　　　　人的生命区别于法律上的存在，就像它实际在天空中一个孤独的星球上从白天到黑夜、从一个地方到另一个地方的存在那样，在任何情况下，人的生命都不可能被限制在根据某些理性观念而指定给它的封闭系统中。构成生命的大量舍弃、排出和爆发可以被表达为生命只有随着这些系统的不足才得以开始。至少，生命所接受的秩序和保存，只有从有序的、保存的力量得以解放并出于某些不会被迫屈从于任何可解释之物的目的而消失的那一时刻起，才具有意义。唯有通过这样一种即便是微不足道的反抗，人类才不再孤独地处于物质无条件的光辉里。

在这个杰出的片段中，我们发现处于萌芽状态的——或许却由一种从未有过的强大力量所表达——关于人和世界的观念。这个观念将在巴塔耶此后的作品中日益发展，无论在他的哲学评论中，还是在《被诅咒的部分》中。

但如果说这篇《耗费的概念》预示着巴塔耶后来的思想，那么它也同样深受种种影响：影响文章撰写的情境、文章构思过程所处的氛围，以及日后将刊出这篇文章的杂志的倾向本身。《社会批评》的合作者们大多数是"民主共产主义俱乐部"成员。除了大部分来自超现实主义的诗人和作家之外，该俱乐部还聚集了敌对政治运动的积极分子，他们虽然已经与"党"决裂，但仍然深受马克思主义理论教育的影响，日后，这些人将各自走上截然不同的道路。

令这本杂志卓越不凡的原因不止一个，尤其是它严厉的笔调，因为这些混杂的异端分子都有一副利齿。是否为了和这种暴力唱一个调子，巴塔耶才在文章的某些段落里残忍地拼命提高嗓门？或者，是否应该将这种极为激烈的表达看作他练习亵渎神明的雄辩术的最初尝试？他很快将在"反攻"片段中投身于此。总而言之，在巴塔耶的作品中，很难找到与这篇文章的某些段落具有同样强烈诅咒的部分。

《耗费的概念》中，阶级斗争被赋予的重要性或许也同样体现了巴塔耶及其《社会批评》的朋友们参与的讨论。然而，这些朋友中的某些人如何接受根据非生产性耗费理论而对阶级斗争所进行的阐释？在这场阶级斗争"难以置信的爆发"中——所有传统耗费的方式在资产阶级社会衰退——"活跃的奢侈喧闹"正在消失，而它似乎因此成为"社会耗费中最伟大的形式"。将革命表现为夸富宴的最高形式，这必定会在杂志的负责人中引起某些保留意见：印在文章顶部的一则编者按强调，"在很多方面，作者在文章中都与我们思想的基本方向相悖"，并宣布将刊登一篇针对该研究的批评性分析。但据我所知，这篇批评性分析始终没有发表……

无论如何，这就是有可能被视为《耗费的概念》所处情境的一些方面，我们很容易从中发现与巴塔耶后来采取的某些立场的分歧之处。这些分歧显然就是他那时沸腾的思想所具有的形式的特点，但丝毫不能减弱这样一个事实，即这篇重要的文章是一个真正的起源，从中已经显现出他二十多年后将用以构成那本书的东西。他曾向好些朋友表示，此书是他作品中最为重要的一部。

《被诅咒的部分》是唯一一部巴塔耶力图在其中为他的世界观建构系统阐述的书：自然哲学、人的哲学、经济哲学和历史哲学。

"过剩"的概念始终是这一建构的基础，但这一次，他力求从所收集的关于地球表面能量运动的简单数据出发，为其寻找一种科学的解释。诚然，这些数据远不足以"为每一个研究地球能量运动的学科所提出的问题找到答案"，但既然涉及被视为宇宙现象的能量，那么一个重要的假设便被抛出：过剩永远存在，因为作为万物生长源泉的太阳辐射总是无偿地被给予——"太阳不求任何回报地给予"；于是，必然积聚起来的能量只能在丰盛和沸腾中被浪费。

由此形成生命的增长方式，而生命不断地遭遇限制。尽管某些发现可以促使生长的飞跃，并为生长打开新的空间，但其他限制又毫不迟疑地重新出现，损失再次不可避免。

　　在生命的历史中，人在双重意义上发挥突出作用。一方面，人类的技术打开通向新的可能性之路，就像自然界中"树的枝叶"或"鸟的翅膀"所做的那样；然而另一方面，在所有生物中，人"最有能力极度而奢侈地消耗过剩能量"。当工业发展不断拓展增长的可能性时，他也拥有"纯粹损失性耗费的无限便利"：我们因而在他身上找到能量在世界中使用的通常节奏，其特点在于"促进积累的节俭与挥霍之间的交替"。同样，也有两种类型的人，一种人"不太关心其成果"，就像人种学家对我们谈起的那些人，另一种人则"转向保存和公平分配"，这正是现代伦理所颂扬的。仍然相同的是，这两个方面可以连续成为同一个人的特征，他的脸在"夜晚的喧闹到上午的严肃事务"之间变换。

　　但在人的这两种职能中，消耗的职能使得他与世界协调一致：宇宙的命运是"一种无用而无限的完成"，而人的命运就是将这种完成继续下去。在浪费这点上，人是无所能及的顶点，挥霍是最光荣的行动，是最高权力的标志。

　　同样，巴塔耶的伦理确实是对通常伦理的一种"反转"，他的经济观表现为对一般经济思想的颠覆。诚然，出于对"二战"前生产过剩的巨大危机的记忆,专家们在"二战"结束不久后便开始探讨这些问题。巴塔耶和他们中的大部分人一样倍感烦扰,并且,他深受经济危机所引发的种种理论的影响,从凯恩斯的论述到"经济成熟"假设。如果说他首先为自己定下的目标是"将危机中提出的问题与自然界的普遍问题进行比较",那么当他长期强调"工业发展的加快所提供的增长可能性的幻想"时,他与当时很多经济学家的悲观主义并没有明显区别。然而,他的革新之处,他为基本经济观念提出一个真正的"哥白尼式转变"的地方,在于他意识到分离体系的经济与处于人类整体之中的经济之间的根本差异。在前者中,稀有、必需的观念盛行,利益的问题被提出,并且增长总显得可能而令人向往;在后者中,能量总是过剩,并必然不断摧毁增加的部分。他认为对孤立现象的研究往往过于抽象,针对那些被他比作"更换轮胎的机械师"的传统经济学家局限的思想,他提出应努力进行综合研究,这在当时是史无前例的。这个深刻的见解逐渐受到重视,因为,自从这些论述被撰写之后,人们知道"普遍经济学"一词所获得的成功。

一切问题就在于知道剩余如何在这种普遍经济中被使用。对剩余的使用正是"结构改变的原因",也是全部文明史的缘由。《被诅咒的部分》一书四分之三的篇幅都致力于对文明史的探讨,其中依次研究的一定数量的"历史数据"凸显出两种类型的社会之间的对比:阿兹特克人的"消耗社会"或夸富宴式的原始社会,以及军事行动社会(如伊斯兰国家)或工业社会(如宗教改革运动之后发展起来的现代社会)。

然而,当今人们的未来同样取决于他们选择怎样的方式来消耗不可避免的剩余。他们是否将继续"遭受"他们可能"采取的行动",也就是说任由过剩导致越来越灾难性的爆发,而不是自愿地"消耗"它,通过他们可以选择和"接受"的途径有意识地摧毁它?

在这一点上,巴塔耶的思考被应用于当今时代以及其中开始显露的财富的使用经验,它远远不满足于推进《耗费的概念》中某些段落的那些热烈反应和狂热,而是一个成熟的人的思考,成熟为他带来更加平静的判断力,甚至有时也带来一种"或许疯狂"的抱负:不期望找到长期正确的解决方法,但至少找到可以给人类带来暂时缓解的平衡时刻。《被诅咒的部分》里关于奢侈和贫困的章节与《社会批评》的那篇文章里描写阶级斗争条件的片段,两者的语调是多么不同啊! 1949 年那部书中对苏联经验——也就是斯大林经验——的评价与 1933 年那篇文章中对这一经验似乎谴责性的缄默形成对照：不仅判断现在被表述为"别无选择"，这在总体上解释了所采用的积累的节奏，它符合历史的某一阶段，这个阶段通过其他途径简单地为增长打开一个新的空间，就像资本主义曾经做过的那样；而且，"共产党的分歧本身"（对苏维埃政权所选择的道路提出质疑的分歧）被谴责参与了"民主的普遍贫乏"；此外，"敌对者和资产者的勾结"也被揭露。至于最强大的资本主义社会，如果说它先前的所有行为将它置于绝境这一事实被着重指出，那么巴塔耶承认，这个社会自身或许正在以纯粹而简单的馈赠方式摆脱剩余，并由此处于隐约发现一种解决办法的进程中。尽管十分谨慎，但某种可能的希望照亮《被诅咒的部分》最后章节中的一部分，即由马歇尔计划开启的那一章。它必然深深打动非生产性耗费的理论家，因为至少像起初被描述的那样，这个计划总体上旨在"利用无法使用的财富在别处打开新的增长可能性"。

也许，在关于马歇尔计划的这部分，就像在论及苏维埃经验的那些章节，或者如在关于世界工业发展前景过于简单的观念中一样，存在着我们同样可以视为《被诅咒的部分》一书所处情境的某些方面。诚然，这些方面与我们以为能够在《耗费的概念》中觉察的那些方面非常不同，有时甚至是相悖的，但这是因为它们来自某些事件或某些不同的阅读对于巴塔耶这样一个极度敏感之人的影响。例如马歇尔计划，它提供了一个用事实来证明馈赠理论的十分诱人的机会，又如冷战时期的某些事件，冷战——那时正处于朝鲜战争的前夕——似乎带给苏联最多的机会。

确实，巴塔耶后来完全意识到其中一些影响并非至关重要，而且，这正是他强烈希望重新修订《被诅咒的部分》，为其中已经论述的主题赋予新的进展的原因之一——不是主要原因，但是原因之一。

我们永远无法知道这个新的《被诅咒的部分》或延续它的著作是什么，但我们知道巴塔耶留给我们的这部书所带来的东西，知道他能够在哪些方面帮助我们回答正在眼前展开的世界历史所引发的焦虑疑问。无论人们如何理解他对 20 世纪 40 年代末苏维埃事件或美国事件的评价中的某些方面，总之，他竭尽全力地看到苏联在那里就像是为了"唤醒"世界，而确实，美国在这个始终存在的威胁的作用下，似乎意识开始觉醒；他领悟到"不合常理的交换"可能在这两种力量之间得以建立并表明"世界的矛盾并非必然要通过战争来解决"；最后，他还隐约预感到世界两大强国在原子和空间消耗上越来越多的浪费有一天可能成为——就像一场巨大的夸富宴——或多或少有意识地避免战争"这种对过剩能量的灾难性消耗"的一种方法。

因此，在《被诅咒的部分》中，乔治·巴塔耶既是现代经济生活中的馈赠理论和"普遍经济学"的先驱，同样也预言了"和平共处"——比这个词的出现早十多年——和各国空间竞争的惊人发展。对于一部书而言，这已经非常可观，这是一个人对最不出乎意料的那部分的一份遗赠，而这个人长期禁止自己企图带来某种教导。

让·皮埃尔(Jean Piel)

耗费的概念①

① 本文 1933 年 1 月发表于《社会批评》第 7 期。

1. 传统效用原则的不足

每当一场讨论的意义取决于"有用"一词的根本价值，也就是说每当一个涉及人类社会生活的本质问题被探讨，无论参与其中的是什么人，无论被表达的是什么观点，都可以肯定，讨论必然错误且根本问题被回避了。因为，鉴于目前各种观念在总体上或多或少的分歧，不存在任何可以用来定义对人类有用之物的正确方法。这个空白足以通过如下事实表明，即始终需要以最无法辩解的方式，求助于人们力图建立的超越实用和乐趣的某些原则：荣誉和义务被虚伪地运用在获取经济利益的手段中，并且，无须提及上帝，神灵被用于掩盖某些拒绝接受封闭系统的人的精神不安。

然而，通常的做法并不担心这些基本困难，普遍意识似乎一开始就只能用言语的谨慎来对抗传统效用原则，即所谓的物质效用。物质效用在理论上以愉悦为目标（但仅以温和的形式，使用暴力的愉悦是病态的），它任由自己一方面被限制于财富的获取（事实上就是生产）和保存，另一方面被限制于人类生命的繁衍和保存（确实，还要加上对抗痛苦的斗争，其重要性本身就足以表明作为理论基础的愉悦原则的消极特征）。在一系列与平淡而难以承受的存在这一观念相关的定量描述中，只有繁衍问题会深深地引发争论，因为人口数量的过度增长有可能缩减个体的份额。但在整体中，关于社会活动的任何普遍评判都意味着一个原则，即一切个人努力要想有价值，就必须能够归结为生产和保存的根本需要。愉悦，无论它涉及艺术、被接受的荒淫还是游戏，最终都在流行的精神表现中简化为一种让步，也就是说一种辅助性消遣。生命中最可观的部分被作为生产性社会活动的条件——有时甚至是令人遗憾的条件。

确实，如果是一个能够毫无理由地浪费和摧毁的年轻人，他的个人经历总是与这个可悲的观念相违背。然而，即使他毫不顾忌地挥霍与自我毁坏，最清醒的人也不知道缘由，或者以为自己生病了。他无法从功利主义的观点对其行为进行解释，也不会想到人类社会可能像他一样，对巨大的损失和灾难感兴趣，根据某些确定的需要，这些损失和灾难将导致纷乱的抑郁、焦虑危机，总之是某种狂欢的状态。

通常的社会观念与社会的真实需要之间的矛盾，以最让人难以忍受的方式，令人想起那种将父亲与满足他所抚养的儿子的需要对立起来的狭隘评判。狭隘如此显著，以至于儿子无法表达他的意

愿。他父亲怀有一半敌意的关心在于住房、衣服和
食物,必要时也涉及某些无害的娱乐活动。但是,
儿子甚至无权说起令他发烧的原因:他不得不让人
相信,任何恐惧对他而言都无关紧要。在这一点
上,只能伤心地说,有意识的人仍未成熟:他们认识
到自己有获取、保存与合理消耗的权利,但他们原
则上排斥非生产性耗费。

确实,这种排斥是表面的,它对实践活动的改
变并不多于禁令对儿子的限制,而一旦父亲不在
场,儿子便沉湎于不可告人的娱乐中。表达那些充
斥着父亲平庸的自负和盲目的观念,人类可以任由
这一责任加诸其身。在生活的实践中,人类往往为
了满足一种可宽容的野蛮的需要而行动,甚至似乎
只能在恐惧中继续生存。再说,只要一个人稍微无
法使自己完全屈从于官方的或可能是官方的考虑,
只要他稍微在本性上易于被那些用一生来摧毁既
定权威的人所吸引,那么难以相信,对他而言,一个
平静而与其信念相符的世界的形象能够成为简单
幻想之外的其他东西。

倘若困难出现在并非由父子关系的卑屈方式
所支配的观念的发展中,那么这些困难并非无法克
服。人们有可能接受那些多数人使用、模糊且令人
失望的形象的历史必要性,而大多数人在行动中并

不是毫无过失（他们把过失当作麻醉剂），此外，他们在任何情况下都拒绝在人类的轻率言行所导致的迷宫之中辨明自身。对于没有文化或缺乏教养的民众而言，极度的简化是避免进攻性力量减少的唯一可能。然而，把苦难的条件和贫困的条件——如此简化的形象正是在其中形成的——接受为知识的一种限制，这是可耻的。而且，如果一个并不随意的观念被迫变得晦涩难懂，如果在当前形势下，这样的观念遭到病态的排斥，那么必须要说，这种排斥恰恰是一代人的耻辱，在这个时代，正是反抗者们害怕听见自己说话的声音。因此，不可能对此有所重视。

2. 损失原则

人类活动不可能完全简化为生产和保存的过程，而且消耗应该被分成两个不同的部分。第一部分——可以缩减的——表现为——就既定社会中的个体而言——对保存生命和延续生产活动所必需的最少量使用，因此，仅仅涉及生产活动的根本条件。第二部分表现为所谓的非生产性耗费：以奢侈、丧事、战争、祭祀、浮华纪念碑的建造、游戏、演出、艺术和反常的性行为（即偏离生殖目的的性行为)为代表的诸多活动,至少在原始状况下,这些活动以其自身为目的。不过,必须保留"耗费"一词来表示这些非生产性形式,所有作为生产手段的消费方式都不包括在内。尽管所列举的这些不同形式总可能相互对立,但它们构成一个整体,其共同特征在于任何情况下,重点都是损失,损失必须尽可能最大化,以使活动获取它真正的意义。

这个损失原则,即无条件耗费的原则,无论它与结算差额的经济原则(耗费由获取定期补偿)——狭义上唯一合理的原则——多么相悖,总是可以借助日常经验中的少量例子而得以阐明。

(1)珠宝仅仅漂亮和璀璨是不够的,用替代的仿制品就能做到这一点:相比财富,人们更喜欢一条钻石项链,财富的损失对构成这条项链的迷人特征而言是必不可少的。这个事实应与珠宝的象征价值联系在一起,在精神分析中,这种象征价值具有普遍性。当钻石在梦中具有排泄物的意义,这并非仅仅在于对比式的关联:在无意识中,珠宝和排泄物一样,是从伤口流淌出的被诅咒的物质,是注定要不加掩饰地损失的自身的部分(事实上,它们被用作承载性爱功能的奢侈礼物)。珠宝的功能性特征要求它们具有巨大的物质价值,并足以说明哪怕最漂亮的仿制品也很少被青睐,因为它们几乎无法使用。

（2）祭祀要求献祭的人和动物耗费鲜血。在词源学意义上，"献祭"一词仅指神圣之物的生产。

起初，神圣之物似乎由损失活动构成：尤其，基督教的成功应该由上帝之子被耻辱地钉于十字架上这一主题的价值得到解释，它将人类的焦虑引向对无限损失和衰退的表现。

（3）在各种竞赛游戏中，损失通常在复杂条件下发生。可观的钱财被花费在场地、动物、器械和人的养护上。能量被最大限度地挥霍，以造成惊愕之感，无论如何，这种感受的强烈程度都远远高于在生产活动中。死亡的危险没有避免，相反却构成一种强烈的无意识吸引的对象。另一方面，竞赛有时是公开分发奖励金的机会。大量的人参与其中：他们的激情往往毫无限制地爆发，数额惊人的金钱以赌博的形式被卷入并损失。确实，这种金钱的流通使一小部分职业赌徒获利。但同样，这种流通可被视为竞赛导致的激情爆发所带来的实际负担，它使得大部分赌徒遭受与其财力不成比例的损失，这些损失甚至经常达到疯狂的程度，赌博者的唯一结局就是入狱或死亡。此外，根据情况，各种非生产性耗费的方式可能与盛大的竞赛场面联系在一起，就像某种自行运动的活跃因素被吸引进一个更大的漩涡中。因此，与赛马比赛联系在一起的不仅有以奢侈为特征的社会分级过程（只需提及赛马俱乐部的存在），还有最新时尚奢侈品的炫耀性生产。况且，必须指出，目前竞赛所表现出的耗费复杂性与拜占庭人的荒谬相比简直微不足道，拜占庭人将所有公共活动都与赛马联系在一起。

（4）从耗费的观点看，艺术产品应该被分为两大类，第一类由建筑、音乐和舞蹈构成。这类艺术产品包含真正的耗费。但雕刻与绘画，更不用说仪式或演出中场地的使用，将第二种类型的原则，即象征性耗费原则引入建筑艺术本身。音乐和舞蹈能够很容易被赋予外在意义。

在其主要形式下，文学和戏剧构成第二种类型的艺术产品，并通过对悲剧性损失（衰退或死亡）的象征性再现引发焦虑和恐惧；在其次要形式下，它们通过结构类似但不包含某些诱惑因素的再现引发欢笑。"诗歌"一词符合对损失状态的表达的最不堕落、最不理智化的形式，它可以被视为耗费的同义词，因为它以最确切的方式表明了经由损失而产生的创造。因此，诗歌的意义近似于献祭的意义。确实，"诗歌"这个词只能以恰当的方式，被用于它通常意指之物的极为稀少的剩余，并且由于缺少预先的缩减，最糟糕的混乱可能会出现。而在最初的快速陈述中，不可能谈到辅助教育和诗歌的剩余要素之间无限变化的界限。更容易指出的是，对于使用这一要素的极少数人而言，诗歌的耗费在其结果中不再是象征性的，因而在某种程度上，表现的功能将承担这一功能的人的生命本身也卷入其中。它使其必然经历最令人失望的行动方式，遭遇苦难和绝望，并追求一些只能带来眩晕或狂怒的模糊影子。常常，他只能为了自己的损失而使用词语，并被迫在遭社会排斥的命运和放弃之间做出选择，前者使他与社会深深隔绝，就像排泄物与表面的生活相分离那样，而后者的代价是一种平庸的活动，屈从于粗俗而浅薄的需要。

3. 生产、交换和非生产性耗费

一旦耗费的存在和某种社会功能被指出，就必须考虑这一功能和与之相对立的生产功能、获取功能之间的关系。这些关系立即表现为目的和效用之间的关系。如果说，通过发展而改变形式的生产和获取确实引入一个变量，那么对这个变量的认知对于理解历史进程而言就是根本性的，但生产和获取仅仅是从属于耗费的手段。无论人类的贫困多么令人恐怖，它从未对社会产生足够强烈的影响，可使得对保存的忧虑——生产的表面目的正来源于此——胜过对非生产性耗费的关注。为了保持这一优势，且政权由消费阶级所掌握，贫困便被排斥在一切社会活动之外。贫苦者返回权力圈的唯一方法就是对掌权阶级的革命性摧毁，即一种毫无限制的流血的社会耗费。

生产和获取相对于耗费的次要性最明显地表现在原始经济制度中，因为交换仍然被视为对出让物品的一种奢侈性损失：它因此在根本上表现为一个耗费的过程，而获取过程正由此发展起来。古典经济学设想原始交换以物物交换的形式进行：因为它没有任何理由认为，像交换这样的获取方式，其根源并非如今交换行为所满足的获取的需要，而是摧毁和损失这一完全相反的需要。经济起源的传统观念仅仅在近期才被推翻，甚至时间太短，以至于为数众多的经济学家继续专横地把物物交换视为交换活动的鼻祖。

与物物交换的人为概念相反，古老的交换形式被莫斯借助夸富宴①这一名词加以辨识，该词借自美洲西北部的印第安人，他们提供了最令人瞩目的

———————
① 关于夸富宴，主要参见莫斯，《论馈赠——古老的交换形式》，载《社会学年鉴》，1925 年。

夸富宴类型。与印第安人的夸富宴相似的机制或其印记已经被相当普遍地发现。

自 19 世纪末开始，西北部海岸的特林吉特人（Tlingit）、海达人（Haïda）、钦西安人（Tsimshiam）和夸扣特尔人（Kwakiutl）的夸富宴已经确切得到研究（但没有将之与其他地区的古老交换形式进行比较）。这些最落后的美洲部落利用个人状况改变的时机——接纳入教仪式、婚礼、葬礼——进行夸富宴，哪怕在更为发达的形式下，它也从来都无法与节日分开，要么它构成这个节日，要么它在节日中进行。夸富宴排除一切讨价还价，通常的形式是公开馈赠数量可观的财富，目的在于羞辱、挑战并强迫一个对手。馈赠的交换价值来自这一事实：为了消除羞辱并接受挑战，受赠人必须履行他在接受馈赠时欠下的责任，日后用更大价值的馈赠来回应，即超过原数地奉还。

但馈赠并非夸富宴的唯一形式，也可能通过大量摧毁财富来挑战对手。正是经由这种方式，夸富宴酷似宗教献祭，因为被摧毁物在理论上是奉献给受赠人传说中的祖先。在一个相对较近的时期，某位特林吉特人的首领在他的对手面前将他的几个奴隶割喉杀死。在既定期限内，对手杀死更多的奴隶以回敬这一摧毁。西伯利亚最东北部的楚科奇人（Tchoukchi）也有类似于夸富宴的习俗，他们屠杀价值可观的狗群，为了震慑并羞辱另一个部落。在美洲西北部，摧毁甚至达到焚烧村庄、砸坏船队的地步。刻有纹章的铜条是一种钱币，人们有时赋予其的虚拟价值使它成为一笔巨大财富，这些铜条不是被砸碎就是被扔进大海。节日特有的狂热毫无区别地与财产的毁坏、累积的馈赠联系在一起，意图就在于震惊和压倒对手。

回敬的夸富宴中必然出现超额，高利贷以此形式有规律地出现在这些活动中，它可以表明：有息贷款应该在交换起源的历史中取代物物交换。因为必须承认，在夸富宴式的文明中，财富以某种方式增加，这种方式让人想起银行文明中的信贷膨胀：也就是说，由于所有受赠人承担的义务，不可能同时实现所有赠予人拥有的全部财富。但这种比较针对的是夸富宴的次要特征。

正是损失所具有的积极属性——高贵、荣誉和等级地位由此而来——使这种机制具有重要价值。馈赠应被视为损失，并因此被看作一种部分的摧毁：摧毁的欲望被部分地转至受赠人。在无意识的形式中，就像精神分析所描绘的那样，它象征着排泄，而根据肛交与性虐待之间的根本关联，排泄本身又与死亡联系在一起。刻有纹章的铜条在西北部海岸是极好的馈赠物,它们所具有的排泄的象征意义建立在非常丰富的神话基础上。在美拉尼西亚,赠予人挑选豪华的礼物,并将它们像废物一样置于敌对首领的脚边。

获取范畴内的结果仅仅是一种反向过程的非故意的结果——至少当导致行动的仍旧是原始冲动时。莫斯指出:"最理想的是举行一场夸富宴且不被回敬。"这个理想通过在习俗中不存在可能对等物的某些摧毁得以实现。另一方面,由于夸富宴的成果在某种程度上被预先纳入一场新的夸富宴,古老的财富原则被凸显,并丝毫没有后来逐步出现的吝啬所导致的缓和:权力总被富有者获得,于是财富就表现为一种获取,但这一权力意味着损失的权力,在这个意义上,财富则完全被引向损失。唯有通过损失,光荣和荣誉才与财富相连。

作为游戏,夸富宴与保存原则相悖:它结束了财富的稳定性,就像图腾经济内部的那种财富稳定,在那里,财产是世袭的。以谵妄的形式,极端的交换活动用一种仪式般的纸牌游戏取代了继承,作为拥有财富的来源。但游戏者永远不可能获得财富后就离开:他们受挑战的支配。因此,在任何情况下,对于财富拥有者而言,财富的功能都不在于使其衣食无忧。相反,财富功能性地存在,并且由于这一财富,其拥有者受一种过度损失的需要所支配,这种需要在社会团体中持续存在。

因此,决定着财富的生产和非奢侈性消费显现为一种相对效用。

4. 富人阶级的功能性耗费

严格意义上的夸富宴概念应专指竞争类型的耗费,这种耗费经由挑战而产生,并引发回应,更确切地说,应专指那些对于古代社会而言与交换没有区别的形式。

重要的是认识到最初的交换直接从属于某种人类的目的,尽管如此,与生产方式进步密切相关的交换的发展显然仅在这种从属不再直接呈现的那个阶段才开始。生产功能的原则本身要求产品避免损失,至少是临时性地。

在商品经济中,交换过程具有一种获取意义。财富不再被置于游戏桌上,并变得相对稳定。只有当稳定性得以保证,不会被巨大的损失所危害时,财富才会服从于非生产性耗费的体制。夸富宴的基本要素重新出现在这些新的条件中,其形式不再直接具有竞争性和争斗性:耗费仍然被用于获取或维持地位,但原则上,它不再以令他人失去地位为目的。

无论如何减弱,炫耀性的耗费仍普遍作为财富的最新功能与其联系在一起。

社会地位或多或少与财富的拥有相关,但条件仍然是财富部分地奉献于非生产性社会耗费,如节日、演出和游戏。我们注意到,在原始社会,人对人的剥削还相当微弱,人类活动的产品涌向富人,这不仅由于他们被认为要发挥保护和引领社会的作用,同样因为他们必须为惊人的集体性耗费承担费用。在所谓的文明社会,财富的功能性义务只是在一个相对较近的时期才消失。异教的衰落导致了游戏和祭礼的衰落,而富有的罗马人有义务支付这些游戏和祭礼的费用。正因为如此,我们可以说,基督教使财富个人化,它赋予财富拥有者对其产品的完全支配权并废除财富的社会功能。至少是废除了这种强制性功能,因为基督教用自愿施舍取代了习俗所规定的异教耗费,自愿施舍的形式既可以是富人向穷人的财物分发,尤其还可以是向教堂和后来向修道院的巨大数额的捐赠。在中世纪,这些教堂和修道院恰恰承担着这一惊人功能的主要部分。

今天,非生产性耗费的这些重要而自由的社会形式已经消失。尽管如此，并不能由此得出结论，认为耗费原则本身已不再处于经济活动的终点。

财富的某种演变，其征候具有疾病和衰竭的意味，导致人内心的羞愧和吝啬的虚伪。一切慷慨的、狂欢的和过度的都消失了：继续影响个体活动的竞争性主题在暗中发展，像令人羞愧的打嗝一般。资产阶级的代表们采用了一种谦逊的气度：现在，依据令人烦恼和沮丧的习俗，财富的炫耀都在围墙后进行。此外，中产阶级、雇员和小商人获得微不足道的财富，最终使炫耀性的耗费被轻视，而耗费遭受某种分割，只剩下大量与令人厌倦的怨恨联系在一起的自负的努力。

然而，除了少数例外，对于任何缺乏勇气让他那个发霉的社会经历一次革命性摧毁的人而言，如此的装腔作势就成为生活、工作和受苦的最主要理由。在现代银行周围，就像在夸扣特尔人的图腾旗杆周围一样，想惹人不快的相同欲望使个体兴奋，并将他们引入一个小小的炫耀体系中，这个体系使他们眼花而对彼此失去理智，仿佛他们都面对着过于强烈的光线。在离银行几步远的地方，珠宝、长裙、轿车在橱窗里等待着某一天，它们将被用来展现阴郁的工厂主和他那更加阴郁的老妻子不断增加的显赫。在较低的程度上，镀金的挂钟、餐厅的餐具橱、人造花对杂货店主夫妇发挥了同样不可告人的效用。人与人之间的嫉妒显现，就像在野蛮人之间一样，两者具有同样的粗暴，只是慷慨和高贵消失了，富人归还给穷人的可观的对应物也随之消失。

作为拥有财富的阶级，现代资产阶级接收了伴随着财富而出现的功能性耗费的义务，而它的特征表现为原则性的拒绝，并以此来对抗这一义务。现代资产阶级与贵族阶级不同，它只赞成在其内部为自己而耗费，也就是说尽可能在其他阶级眼中隐藏它的耗费。起初，这种特殊形式之所以产生，是因为它的财富在另一个比它更强大的贵族阶级的庇护下得以扩展。对这些令人感到耻辱的有限耗费观念，资产阶级从 17 世纪开始发展的理性主义观念做出了回应。理性主义观念的意义仅在于对严格的经济世界的一种表现，在"经济"一词的普遍意义和资产阶级意义上。对耗费的仇恨是资产阶级的存在理由和辩护证据，它同时也是其可怕的虚伪的原则。有产者把封建社会的挥霍用作一种根本性的不满，并且在夺取政权之后，出于掩饰的习惯，他们自以为正在对贫困阶级施加一种可以接受的统治。必须承认，人民不可能像仇恨他们的旧主人那样仇恨有产者。但确切地说，人民无法爱他们，因为他们至少无法隐藏那副肮脏的嘴脸,如此贪婪卑贱、如此骇人低俗的嘴脸,任何人只要一看到他们,就似乎失去了尊严。

与他们相对抗,民众意识就归结为深入维护耗费的原则,并将资产阶级的存在表现为人类的耻辱和一种阴险的废弃。

5. 阶级斗争

资产阶级社会依据一种重视利益的理性,竭力使耗费贫乏,于是便只成功地发展了普遍的吝啬。仅仅在把普遍理性主义观念的结果推向极致的那些人的努力中,人类生活才重新找到符合不可缩减的需求的波动。传统耗费模式已有衰退的意味,人类奢侈的喧闹在阶级斗争难以置信的爆发中消失了。

阶级斗争的构成部分产生于从古代时期开始的耗费过程中。在夸富宴中,富人分发其他穷人提供给他的产品。他力图超越一个和他同样富有的竞争对手,但对他所想象的最终超越而言,唯一必要的目标就是令他更加远离贫民的本性。因此,虽然耗费是一种社会功能,但它却立即导致表面上反社会的分离性竞争行为。富人消费穷人的损失，并为其创造出一个衰退和卑劣的阶层，它开启了通向奴隶制之路。而显然，从古代奢华世界代代相传的遗产中，现代世界分得了这个阶层，目前它专门属于无产阶级。也许，资产阶级社会声称依据理性原则自治，并通过自身行为力求实现人类的某种同质性，它不会毫无异议地接受一种似乎对人类本身具有摧毁性的分裂，但除了理论否定之外，它无力将抵抗推进得更远。它给予工人和主人平等的权利，它宣布这种平等并将这个词公然刻在墙上。然而，主人们行事时好像自己就是社会本身的表达，一心表明被雇佣者的卑劣与他们毫不相关，这比任何忧虑都更让他们操心。工人活动是为了生存而生产，而雇主活动则是为了迫使工人生产者陷入可怕的衰退而生产。因为，在以下两者之间不可能存在任何分离：一方面是雇主在其自身耗费模式中寻求的身份认定，这一耗费模式力求使其超越人的卑劣性；另一方面是卑劣性本身，而雇主身份的认定正与这种卑劣性密切相关。

将力求改善工人命运的资产阶级诸多努力的表现与这一竞争性社会耗费观念对立起来的，只是对现代上等阶级的怯懦的表达，这些阶级再也无力承认自身的种种摧毁。资本家为了救助无产者并

为其提供在人类社会等级中的上升机会而产生的
耗费,仅仅证明由于精力耗尽,他们无力把奢侈过
程推进到底。穷人的损失一旦实现,富人的愉悦就
逐渐被掏空、被中立:它让位于麻木不仁的冷漠。
在这些条件下,为了维持一种冷漠本身使之相对变
得令人愉快的中立状态,尽管有某些试图扰乱的因
素(暴虐、怜悯),可能有必要用新的耗费来补偿导
致卑劣的一部分耗费,并力图减弱后者产生的结
果。雇主的政治意义与繁荣的某些局部发展相结
合,使得这一补偿过程有时被赋予某种显著的规
模。正是如此,在盎格鲁-撒克逊国家,尤其在美
国,初始过程的发生损害了相对微弱的一小部分人
口,并且在某种程度上,工人阶级本身也被引导参
与其中(尤其当预先存在某个被一致认为卑劣的阶
级,例如黑人阶级,而使事情简单化时)。然而这些
摆脱困境的方法,因其重要性极为有限,丝毫不能
改变高贵阶层和卑贱阶层之间的根本分离。社会
生活的残酷游戏在各个文明国家之间并没有区别,
在那里,富人们侮辱性的光彩使低等阶级的人性堕
落、衰退。

必须补充的是,主人们的残暴不仅在于摧毁本
身,更在于摧毁的心理倾向。这种残暴的减弱与古
代奢侈过程的普遍衰退相关,而后者正是现代的

特征。

当这一次,阶级斗争依靠工人而重新开始并得以发展,其规模威胁到主人的存在本身时,它相反地成为社会耗费的最伟大形式。

6. 基督教与革命

除反抗之外,被激怒的穷人有可能拒绝对人压迫人体制的任何精神参与。在某些历史背景下,尤其通过比现实更为惊人的象征,他们成功地将整个"人性"降低至一种如此可怕的耻辱,以至于富人衡量他人贫穷的乐趣忽然变得过于强烈而无法被毫无眩晕地承受。于是,在所有礼仪形式之外,尤其在穷人一边建立起一种被激化的挑战的交换,即夸富宴。在那里,现实的垃圾和被揭露的道德污秽与世界所包含的一切富裕、纯洁或辉煌之物无比激烈地相互竞争。并且,对这种痉挛性的骚乱而言,一条特别的出路被宗教绝望所打开,它正是对这一出路毫无保留的利用。

在基督教中,激昂与焦虑、痛苦与狂欢之间的相互交替构成宗教生活,并被引向与更加悲剧性的主题的结合,与病态的社会结构的混淆,而后者本

身以最肮脏的残忍进行自我分裂。基督徒胜利的
歌声赞美上帝,因为上帝进入社会战争的血腥游戏
中,也因为上帝"把强权者从其高贵的顶点拉下,令
苦难之人兴奋"。他们的神话把社会耻辱、受刑者
尸体的衰弱与神的光辉结合在一起。正是如此,宗
教信仰承担起富人和穷人之间始终存在的反向力
量的全部对抗功能,其中一方诅咒另一方必然遭受
损失。宗教信仰与尘世的绝望紧密相连,而绝望本
身只不过是分离人类的无限仇恨的一种附加现象,
但这种附加现象却力图取代它所概括的所有分离
过程。根据被认为是基督所讲过的话,他的到来是
为了分离而非统治,因此宗教根本不寻求消除被其
他人视为人类创伤的东西。在它的直接形式下,当
它的行动保持自由时,宗教反而沉溺于对它心醉神
迷的痛苦而言不可或缺的污秽。

基督教的意义被赋予阶级耗费的狂热结果的
发展,被赋予损害现实斗争的精神性竞争狂欢。

然而,无论在人类活动中具有何种重要性,基
督教的耻辱只是卑贱者对抗高贵者、淫秽者对抗纯
洁者的斗争历史中的一个插曲。就像社会意识到
其分裂难以容忍,在一段时间内变得烂醉如泥,以
便暴虐地享受分裂。最深重的沉醉没有耗尽人类
苦难的结果,并且,被剥削阶级愈加清晰地对抗上

层阶级,于是无法为仇恨确定任何可以想象的界限。在历史的波澜中,只有"革命"一词统治着惯常的混乱,并承载着对大众无限要求的承诺:主人、剥削者,他们的职责是建立把人性(就像这种存在于大地,即淤泥中的人性)排除在外的轻蔑形式,而出于一种简单的相互性法则,人们希望他们注定陷入恐惧之中,就在其精美言辞被暴动中的死亡尖叫声所覆盖的那个伟大夜晚。那是沾染鲜血的希望,它每天与民众的存在相混合并概括着阶级斗争的反抗内容。

阶级斗争只有一个可能的结局:力图使"人性"丧失的那些人的毁灭。

然而,无论发展形式如何,不管它是革命的还是奴性的,18 个世纪前由基督教徒的宗教狂热、今天由工人运动所形成的普遍动荡应该同样被表现为一种决定性的冲动,它迫使社会利用阶级之间的互相排斥,既为了实现尽可能悲惨、尽可能自由的耗费方式,同时也为了引入神圣的方式,这些神圣方式十分人道,相比之下传统方式则变得卑劣可憎。正是这些运动的回归性说明工人革命的全部人性价值,工人革命可以发挥强制性的吸引力,如同将简单有机体引向太阳的力量。

7. 具体事实的非从属性

人的生命区别于法律上的存在,就像它实际在天空中一个孤独的星球上从白天到黑夜、从一个地方到另一个地方的存在那样,在任何情况下,人的生命都不可能被限制在根据某些理性观念而指定给它的封闭系统中。构成生命的大量舍弃、排出和爆发可以被表达为生命只有随着这些系统的不足才得以开始。至少,生命所接受的秩序和保存,只有从有序的、保存的力量得以解放并出于某些不会被迫屈从于任何可解释之物的目的而消失的那一时刻起,才具有意义。唯有通过这样一种即便是微不足道的反抗,人类才不再孤独地处于物质无条件的光辉里。

事实上,无论孤立存在还是处于群体中,人类总是以最普遍的方式置身于耗费过程中。方式的变化丝毫不会改变这些过程的根本特征,它们以损失为原则。对集体和个人产生激励作用的是某种兴奋,其总量在交替中维持在一个明显恒定的最低位。在其强化形式下,兴奋状态类似于中毒状态,可被确定为不合逻辑的冲动,而且这些冲动无法抗拒对本可以理性使用(根据结算差额的原

则)的物质和精神财富的拒绝。如此实现的损失
与非生产性价值的创造密切相连,在"妓女"和军
事耗费的情况下都一样,而最荒谬同时也让人变
得最吝啬的价值就是荣誉。以衰退为补充,在时
而阴暗时而明亮的形式下,荣誉没有停止对社会
存在的支配,并且当荣誉被个人或社会损失的盲
目实践所影响时,没有它就始终不可能从事任何
事情。

正是如此,活动的巨大损耗将人的种种意
愿——其中包括与经济活动相关联的意愿——引
入普遍物质的定性游戏中,因为物质只能由非逻辑
性差异界定,这种非逻辑性差异之于世界经济的意
义,就如同罪恶之于法律的意义。荣誉概括或象征
(并非穷尽)自由耗费的对象,而它永远不能排除罪
恶,永远无法与认定相区别——至少,如果我们考
虑唯一具有价值的认定,其价值可与不成为任何他
物条件的非从属性认定之物的价值相比。

另一方面,如果我们表现利益,它与荣誉的利
益(就像与衰退的利益一样)相符,人类集体必然将
其与历史运动所恒定实现的性质变化相连,如果我
们最终想象这一运动无法被遏制或被引向某个有
限目标,那么有可能在放弃一切限制的情况下,为
效用确定一种相对价值。人类确保其生存或避免

痛苦,并非因为这些功能经由自身而导致一个充分的结果,而是为了进入自由耗费的非从属性功能之中。

被诅咒的部分

前言

几年来,我时常需要回答这样的问题:"您在写些什么?"我只能为难地说:"一部政治经济学著作。"在我看来,这部书的写作至少令那些不了解我的人感到困惑(人们对我的书的兴趣通常在文学方面,这可能难以避免,因为我的书无法被归于既定的体裁)。我始终能烦恼地忆起,我的回答曾引发显而易见的惊讶:我必须为自己辩护,可我能说出的只言片语既不明确,也不易被理解。于是,我要补充说明自己所写的(如今出版的)这部书并非以合格的经济学家的方式来对事实进行思考,并且从我的视角来看,一次人类献祭、一座教堂的建造或一个宝物的馈赠与小麦的销售具有同等意义。简言之,我徒劳地竭力阐明一种"普遍经济"的原则,在这一原则中,相较于生产,财富的"耗费"("消耗")才是首要对象。如果有人询问我这本书的标题,我会更加为难。被诅咒的部分:这可能会吸引人,但无法提供信息。自那时起,我本该更进一步:确定消除这个标题所涉及的诅咒这一意愿。显然,我的计划过于宏大,而陈述一项宏大的计划永远都是对它的背叛。没有人可以毫不可笑地说自己准备好某种颠覆性的言论:他必须有所颠覆,仅此而已。

如今,书已写成。但如果一本书没有被定位,如果批评没有在思想的普遍运动中标明属于它的位置,那么它便什么都不是。我正面临同样的困境。书已写成,可当我撰写书的前言时,我甚至无法为它要求某一门科学的专家的关注。这个初次尝试在某些特定学科之外触及一个本应被提出,却仍未被提出的问题,而它是每一个研究地球上能量运动的学科的关键,从地球物理学到政治经济学,包括社会学、历史学和生物学。无论心理学还是普遍意义上的哲学,都不能被认为与这一经济学的首要问题无关。甚至那些可以被认为属于艺术、文学和诗歌的领域都首先与我所研究的运动相关联:表现在生活沸腾之中的剩余能量运动。因此,这样一本令所有人感兴趣的书也可能得不到任何人的关注。

　　确实,推进冰冷的科学研究,直至其内容不再被漠视,反而燃起人们的激情,这是危险的。事实上,我所考虑的令地球充满生气的沸腾,同样也是我的沸腾。因此,我研究的这个对象无法与其主体本身分割开来,但我必须说得更准确:达到沸点的主体。正是如此,甚至在面临为它在思想的普遍运动中找到位置的困难之前,我的研究已经遭遇最内在的阻碍,但这阻碍却赋予此书最根本的意义。

　　当我考虑我的研究对象时,就个人而言我无法拒绝沸腾,在沸腾中我发现不可避免的结果、冷酷而不择手段的行动的价值。我的研究以获得认知为目的,它要求冷酷和算计,然而所获得的认知是对错误的认知,这种错误包含在任何算计都必然具有的冷酷之中。换句话说,我的研究目的首先在于增加人类的资源总量,但研究结果告诉我,积聚只是不可避免的终止之前的拖延和倒退,积累的财富仅在其中具有即刻的价值。在书中,我说能量最终只能被浪费,而当我写这部书时,我也在工作中使用自身的能量和时间:我的研究从根本上符合增加人类财富的意愿。在这些条件下,我是否可以说,我有时只能回应这部书的真理而无法继续书写它?

　　一本无人期待且不回答任何业已提出的问题的书,如果作者严格遵循其教义,他本不会写出这样的书,这就是我今天呈献给读者的奇怪之处。这从一开始便会引起怀疑。如果最好不回应任何期待,而仅提供那些令人厌恶或因缺乏力量而被人们主动忽略的东西:这令人意外的剧烈运动,它导致混乱并将思想从休憩中唤醒;一种大胆的颠覆,与世界相协调的活力取代孤立观念和顽固问题所导致的停滞,这些问题源自一种不愿思考的焦虑。我如何能既不背向期待,又拥有将概念与世界的运动自由等同的这种极端的思想自由? 忽视那些缓慢而有条理地发展起来的严苛规则可能只是徒劳,但如果满足于约定俗成的知识的停滞,我们又如何能解开谜题,如何通往宇宙之维? 人们如果有耐心也有勇气阅读我的书,就会在其中看到遵循坚定的理性规则而进行的研究,看到针对源于传统智慧的政治问题的解决方案,但人们也会在书中遇到这样的断言:时间中的性行为就像空间中的老虎。这一比较来自对能量经济的考虑,它将诗意的幻想排除在外,却要求进行思考,这种思考被置于与一般算计具有相反力量且建立在支配我们的法则之上的游戏层面。总的来说,正是在涌现出这些真理的观点中,一些更普遍的主张获得其意义,根据这些主张,向生物和人类提出根本问题的并不是必要性,而是与之相反的"奢侈"。

　　至此,我将邀请批评界提出某种怀疑。人们很容易用无可辩驳的异议去反对新的观点。大多数时候,新生事物都会带来困惑且不能被准确理解;反对意见针对一些被简化的方面,作者并不比所谓的反驳者更接受这一点,或者只在一种暂时简化的范围内接受。目前情况下,这些在初次阅读中令人震惊、不容置辩的困难,我很难在撰写这部书的十八年时间里将其忽略。但首先,我仅在此提供一个简要的概述,甚至无法考虑在其中涉及大量的相关问题。

　　尤其,我在第一部中没有从我引入的角度对生活中的所有行为加以细致分析。这颇令人遗憾,因为"生产性耗费"与"非生产性耗费"的概念在我这部书的整个论述中具有基础性价值。而由各种耗费构成的现实生活却忽视了严格的生产性耗费,实际上甚至连纯粹的非生产性耗费也忽略了。因此,必须用对生活各个方面的系统描述来取代一种初步的基本分类。我想首先提供一系列特别的事实,使得人们可以理解我的观点。但如果这个观点没有同时考虑所有被误认为毫无价值的细微事实,那么它就不可能自圆其说。

　　我认为,从经济危机的事实得出摧毁性结论也是徒劳无益的,因为经济危机在我的著作中虽必定具有一种决定性事件的意义,但它仅仅被粗浅地描述。说实话,必须有所选择:我不能全面地概述我的想法,却迷失于充满干扰的迷宫中,在那里树木会不停地妨碍我看见森林。我力求避免重复经济学家的工作,而仅限于将危机中出现的问题与自然界的普遍问题进行比较。我希望以一种新的阐述来揭示这个问题,但我一开始并未对生产过剩危机的复杂性加以分析,正如我没有立即详细估算一顶草帽或一把椅子的生产中涉及的增长部分或浪费部分。我更愿意从普遍意义上提供解释凯恩斯"装钞票的瓶子"奥秘的理由,它通过吃、死亡和有性生殖来延伸丰盛中那些令人疲惫的迂回。

今天,我仅限于提出这个简要观点。这并不意味着我有所放弃:我只是将更广泛的研究延后进行。① 由于时间所限,我甚至推迟了对焦虑的分析。

然而,唯有决定性的分析才能很好地显示两种政治方法的对立:一种方法是恐惧并焦虑地寻找答案,它将与自由最为相悖的迫切需要混入对自由的追求中;另一种方法是源于生命总体资源的精神自由,对它而言,目前一切都得到解决,一切都是富足

_____

① 这是第一部著作,其后续将在我主编的另一套有关"普遍经济"的文集中出版。

的,与宇宙相适应。我强调一个事实,即从精神自由来说,寻求解决方案是--种丰盛和多余:这赋予它无与伦比的力量。对于那些只任由焦虑提出政治问题的人,解决这些问题就变得很艰难。由焦虑提出这些问题是必须的,但解决问题就需要在某一点上消除这种焦虑。我在卷末提出的本书所导向的政治主张,其意义与这一明确态度密切相关。①

---

① 我要在此特别感谢我的朋友,X 射线实验室的研究负责人乔治·安布罗西诺(Georges Ambrosino),没有他的帮助,这本著作无法完成。因为科学从来都不是一个人的事,它需要观点的交流与共同的努力。这本书在很大程度上也是安布罗西诺的成果。他所参与的原子研究使其至少在一段时间内远离了对"普遍经济"的研究,我个人对此感到遗憾。我希望他能重新展开曾与我共同进行的对地球表面能量运动的研究。

第一章　理论导言

一、普遍经济的意义

1. 经济对地球能量流动的依赖性

当需要更换汽车轮胎、划破脓肿或耕植葡萄园时，人们很容易完成一个非常有限的操作。这一行动所涉及的要素并非完全孤立于世界上的其余要素，但有可能作用于这些要素并将它们当作孤立的：这个操作可以被完成而无须人们对整体加以考虑，即便轮胎、脓肿和葡萄园是其中相互关联的部分。发生的变化并未显著改变事物的剩余部分，而外部连续不断的行动也没有对操作行为产生可观的影响。然而，如果我们考虑诸如美国的汽车生产这类重大的经济活动，尤其是关系到普遍经济活动时，情况便有所不同。

汽车生产与经济的普遍运动之间的相互依存

关系显而易见,但总体意义上的经济在研究中通常被视作一个可分离的操作系统。生产与消费彼此联系,可如果将两者一同考虑,似乎并不难以将其当作一项相对独立于其他事物的基础操作来进行研究。

这个方法是合理的,科学也不会以其他方式进行。然而,经济学不会得出类同于物理学的结论,物理学研究某一确切现象,再将所有可研究的现象协调起来加以考察。经济现象难以被孤立看待,它们之间的总体协调也不易建立起来。因此有可能针对经济现象提出这样的问题:整个生产性活动难道不应在它从周围事物那里所接受的改变或它给周围事物所带来的改变之中被考虑吗?换言之,难道没有必要在一个更广阔的整体内部来研究人类的生产和消费系统吗?

在科学领域,这样的问题通常具有某种学术特征,但经济活动如此繁多,以至于任何人都不会惊异于最初的问题会引发其他更具体的问题:在总体工业发展中,难道没有社会冲突和全球战争?总之,在人类的全部事业中,难道没有仅在研究经济的普遍资料条件下才会出现的因果?我们能否在没有把握其普遍后果的情况下成为这一危险事业(我们在任何情况下都无法放弃)的主人?如果持续发展经济力量,我们难道不应提出与地球上能量运动相关的普遍问题吗?

这些问题使我们隐约地看到其所引入原则的理论意义与实践价值。

2. 毫无利益地损失无法用于系统 增长的能量过剩的必要性

初看上去,很容易在经济中——在财富的生产与使用中——辨别出被视为一种宇宙现象的地球活动的特殊之处。一种运动产生于地球表面,而地球则源自宇宙在这一点上的能量流动。人类的经济活动遵循这一运动,并将其导致的可能性用于某些目的。然而,这一运动具有某种形象和某些规律,使用并依赖这些规律的人往往忽视了它们。于是问题出现了:对生物圈中流动能量的普遍定论是否被人类活动所改变? 或者相反,人类活动难道没有在其赋予自身的意图中被一种它不知晓、忽视且无法改变的定论所歪曲?

我将立即陈述一个不可避免的答案。

人对其生命物质条件的无知使他更加严重地迷失。人类对既有物质资源进行开发,但如果人类将资源的使用——正如他所做的那样——局限于解决当下遭遇的困难(匆忙间他可能把解决困难定义为一种理想),那么他便将一种目的赋予其所利用的能量,而能量本身不可能拥有这一目的。因为人类的工作超越了我们的直接意图,追求对宇宙无用且无限的完成①。

当然,这种完全无知所导致的错误不仅涉及人对清晰的追求。如果为了试图达到目的,人必须完成一种超出意图范围的运动,那么他自身的目的就难以实现。或许这些目的与这一运动并非绝对不可调和,不过为了使两者一致,我们应不再忽略任何协定条款,否则我们的工作将很快变成灾难。

我将从一个基本事实出发:在地球表面能量运动所限定的情境下,生命体原则上会获得比维持其生命所需更多的能量。过剩的能量(财富)可以被用于系统(例如有机体)的增长;如果系统无法继续增长,或过剩的能量无法在其增长中被完全吸收,那么过剩部分就必须被毫无利益地损失、耗费,无论是否乐意,也无论以光荣还是灾难性的方式。

---

① 对宇宙物质性的实现,也许,在其或近或远的方面,宇宙的物质性永远只是一种思维的彼处。完成意味着正在实现,而非已经实现。无限同时对立于有限的确定和指定的目的。

3. 有机体或有限整体的贫困与
自然界的财富过剩

　　人们最终必须不加计算地（没有补偿地）耗费
构成财富的能量，并且一系列营利性活动显然除了
对利益的徒劳浪费之外没有其他结果，这是那些习
惯于将生产力发展视为理想活动目标的人所拒绝
的。断言必须将产出能量的重要的一部分挥霍殆
尽，这与构成一种理性经济的判断背道而驰。我们
知晓一些财富必须被摧毁的案例（被倒入海里的咖
啡），但这些丑闻不能被合理地当作效仿的对象。
它们是对虚弱的招供，没有人能在其中寻得财富的
形象与本质。说实话，非自愿的摧毁（例如咖啡沉
入大海）始终包含着失败的意味：它被迫发生，充满
不幸，在任何情况下都无法被视为令人渴望之事。
然而，这是典型的操作，没有它就没有出路。如果
我们考虑地球表面生产性财富的总和，只有在经济
人类这样的生命体能够增加其装备的情况下，产品
才可以被用于生产性目的。这并非完全、永久且无
限可能的。过剩部分应以亏损操作的方式被挥霍，
最终的挥霍将完成驱动地球能量的运动。

通常出现的是相反情况，因为经济从未被普遍地考虑。在科学和生活中，人类精神将经济活动重新引向一种建立在典型的特定系统（机构或企业）之上的实体。被视为整体的经济活动在特定且目标有限的操作模式上被构想。精神通过组成经济活动的整体而普及：经济学满足于将孤立的情况加以推广，它将其对象局限于为了有限目标，即经济人的目标，而进行的操作；它不考虑那种没有被任何特定目的所限制的能量游戏，即普遍生命物质的游戏，这种游戏被置于光的运动中，是光的产物。在地球表面，对于普遍生命物质，能量总是过剩，问题总是用奢侈的字眼被提出，选择则被局限于挥霍财富的方式。必要性问题正是针对特殊生物或生物的有限整体而提出的。但人不只是孤立的生物，他与生物界和其他人争夺属于他的资源。生命物质的渗出（挥霍）的普遍运动推动着他，而他无法终止这一运动；甚至在最高程度上，人在生物界的绝对权力令其等同于这一运动；这种绝对权力以特权的方式使人必定投入光荣的活动，投入无用的消费。如果他否定这一点，就像必要性的意识和个体生命所固有的贫乏意识（个体永远缺乏资源，自始至终只是贫困者）不断促使他否认的那样，他的否定丝毫不会改变能量的总体运动：

能量无法在生产力中无限地累积；最终，就像汇入大海的河流一样，它必然离我们而去，为了我们而消失。

4. 战争：过剩能量的灾难性耗费

不知情丝毫不会改变最终的结果。我们可以忽略、忘记这一点：无论如何，我们生活的土地只是一个充满各种摧毁的场域。我们的无知只有这个不容置辩的后果：它使我们遭受我们能够——如果我们知道的话——任意实施的行动。它阻止我们选择一种可能令我们满意的渗出。它尤其将人类及其工作置于灾难性的摧毁中。因为，如果我们自身无力摧毁增长中的能量，那么能量将无法被利用；同时，这种能量就会像无法驯服的野生动物一样将我们摧毁，而我们自己则要为不可避免的爆炸承担后果。

动能的过剩在局部阻塞最为贫困的经济，它实际上是最危险的毁灭性要素。同样，任何时候，但在意识的最阴暗处，消除阻塞都是被狂热渴求的。它存在于古代社会的节日中；某些社会建造了壮观而毫无用途的建筑；我们将过剩部分用于各种"服务",以使生活舒适①,并且倾向于在休闲时间的增加中吸收部分过剩能量。但这些消遣活动始终是不够的。尽管如此,其过量存在(在某些方面)始终使得大批的人和大量有用的财富遭受战争的摧毁。当今,武装冲突的相对规模甚至有所扩大:它所占的灾难性比例已为人们所知。

近期的发展是工业活动激增的后果。首先,这种增殖运动通过吸收主要的过剩部分而抑制了战争性活动:现代工业的进展促成了 1815 年至 1914 年间的相对和平。生产力的发展使资源增加,同时也使发达国家人口得以快速增长(这是工厂数量激增的物质方面)。然而,从此以往,技术革新所引发的增长成为困扰。增长本身导致了过剩的增加。第一次世界大战爆发时,增长极限还没有被实际触及,哪怕在局部。第二次世界大战本身并不意味着系统此后无法进一步发展(延伸地,甚至是强化地)。但系统对发展终止的可能性加以衡量,并不再乐于享受没有任何阻碍的增长的便利条件。人们有时否认,工业生产的过剩是近代战争,尤其是

① 人们承认,如果工业不能无限发展,构成被我们称为经济第三产业(第一产业为农业,第二产业为工业)的"服务"便将是另一回事,服务既包括完善的保险或营销机构,也包括艺术家的工作。

第一次世界大战的根源。然而,这两次战争所渗出的正是这种过剩;也正是大量的过剩导致战争异乎寻常地激烈。因此,关于应被耗费的能量过剩的普遍原则被视为(超越经济过于狭隘的意图)超越经济的一种运动的结果,它悲剧性地阐明了一系列事实,并拥有任何人都无法否认的意义。我们可以抱有希望,避免一场已经十分具有威胁性的战争。但为此我们必须将过剩的生产分流,在艰难的工业增长的理性扩张中,或在挥霍无论如何都无法被积累的能量的非生产性工作中。这会导致诸多复杂而耗费精力的问题。[①] 然而,如果人们不相信能够轻易得到他们要求的实际解决方案,那么其意义则毋庸置疑。

我将很快明确一点:增长的扩张本身要求推翻经济原则——推翻创建这些原则的道德。从有限经济观转向普遍经济观,这事实上实现了一次哥白尼式的转变:对思想与道德的颠覆。从一开始,如果大体上可被估量的一部分财富注定要损失,或注定无任何可能收益地被用于非生产性用途,那么就有必要,甚至不可避免,将一些商品不计补偿地出

---

① 在首次理论性与历史性论述中,无法论及所有提出的问题。

让。今后,更不用说诸如建造金字塔这类纯粹而简单的挥霍,寻求增长的可能性本身也取决于馈赠:全球工业发展要求美国人清楚地认识到,对于美国那样的经济来说,保留一部分非营利性活动是必要的。对于一个巨大的工业网络,人们不能像更换轮胎那样来管理它……它表现出自身所依赖的宇宙能量流动,它无法限制这一流动,也不能不计后果地忽略其规律。然而,一些人自始至终都想通过更换轮胎的机械师的那种局限思想来掌控这一超越他们的运动,他们该倒霉了。

二、普遍经济规律

1. 生化能量的过剩与增长

有机体原则上支配着比维持其生命的活动（功能性活动以及动物必要的肌体活动和食物寻觅）所需能量更多的能量资源，这是诸如增长和生殖等功能中突出体现的。如果植物或动物不能正常地拥有过剩的能量，无论增长还是繁殖都将无从谈起。生命物质的原则本身要求，需要耗费能量的生命化学运动成为获益者和盈余的创造者。

如果考虑一种家养动物，一头牛犊，而不展开过于细致的分析的话，我首先将动物或人类能量的不同补给放在一边，这些能量补充使食物生产成为可能（任何有机体都依赖于他者的供给：如果该供给是有利的，它就从中获取必要的能量，但一旦失去这种供给，它便会迅速衰亡）。功能性活动使用一部分可支配的能量，但动物拥有一定的盈余，以确保其生长。在正常情况下，盈余中的一部分会在循环往复的运动中被损失，但如果饲养员能让牛犊保持卧倒，牛犊的体重便会从中受益而增加：能量节约以脂肪的形式重现。如果牛犊未被宰杀，减缓的增长将不再消费增加的盈余的总量，从那时起，牛犊便会达到性成熟状态。原则上，若是雄性，它旺盛的力量必然导致公牛的骚动，若是雌性，就必然导致怀孕和产奶。生殖在某种意义上意味着个体增长转向集体增长。如果公牛被去势，其体重在一段时间内将重新增长，人们可以从它那里获得可观的劳动力。

在自然环境中，新生动物不会被人工增肥，也不会被去势。为了便于分析，我选择以家畜为例，但在任何地方，动物的运动在根本上都是一致的。在所有情况下，过剩能量都维持着个体的增长或骚动。牛犊和母牛，公牛和去势的牛，都只是为这一重大运动增添一个更为丰富而通俗的阐释。

植物也表现出同样的剩余，但更加突出。它们完全就是增长和繁殖（其功能性活动所需的能量微不足道）。但这种不确定的繁盛必须相对于促成并限制这一繁盛的条件来考虑。

2. 生长的限制

我将简要地谈及生命最普遍的状况。我仅强调一个至关重要的事实：太阳能是生命蓬勃发展的本源。我们财富的来源与本质都是在太阳辐射中被给予的，后者不计补偿地施与能量——财富。太阳不求任何回报地给予。早在天体物理学证明这一无尽的耗费之前，人类便意识到了这一点。人们看到了太阳使作物成熟，并将太阳拥有的光辉与那种奉献而不求回报的行为联系在一起。在这里，有必要指出道德判断的双重起源。过去，人们把价值赋予非生产性的光荣，而今天，人们却用生产来衡量价值：能量的获得凌驾于耗费之上。光荣本身也由一件光荣之事在用途范围内所产生的结果而得以证明。然而，尽管被实际的判断和基督教的道德所缠扰，古老的意识始终存在，尤其体现在浪漫主义对中产阶级世界的反抗中。唯有在古典的经济观念里，这种意识才完全失去其权利。

太阳辐射造成地球表面的能量过剩。但生物首先吸收这一能量，并在其可获得的空间范围内将能量积聚起来。随后生物将能量释放或挥霍掉，但在释放大部分的能量之前，它会将其最大限度地用

于自身的生长。只有在生长无法继续时才会出现
挥霍。因此,真正的过剩只有在个体或群体的生长
受到限制时才开始。

对于每一个个体、每一个群体而言,直接的限
制都是由另外的个体或群体给予的。然而,地球
(准确地说是生物圈①这一生命存在的空间)是唯一
实际的限制。个体或群体可能会被另一个体或群
体所规约,但自然界的总量不会因此改变:归根结
底,是地球空间的规模限制总体的增长。

3. 压力

原则上,生命在可能范围内覆盖地球表面。生
命的多种形式在总体上使其适应于地球上的可用
资源,因此空间成为生命的根本限制。在一些条件
不利的地区,促使生命形成的化学反应无法发生,
使得这些地区仿佛没有生命存在。然而,考虑到生
物总量与当地气候及地理条件之间的恒定联系,生

---

① 参见弗拉基米尔·沃尔纳德斯基(Wladimir Vernadsky),
《生物圈》(La Biosphère),1929 年。该著作从另一种观点
概述了我将在下文中谈到的某些思考。

命占据着一切可能的空间。这些地域因素决定着生命在全部意义上所施加的压力的强度。但我们也可以在这个意义上论述压力：如果人们以某种方式将可供利用的空间扩大，这一空间就会立即被占据，以占据其相邻空间同样的方式。况且，每当在地球的某个角落，生命被森林火灾、火山喷发或人类行为所摧毁时，情况也同样如此。最明显的例子就是一条被园丁开垦并维持裸露状态的小径。一旦小径无人打理，其附近生命的压力便很快以草和灌木将其覆盖，动物也将在此迅速而大量地繁衍。

如果小径被铺上沥青，它便会在很长一段时间内免受压力侵犯。这就是说，假设小径被废弃而未被铺上沥青，生命可能的容量将无法被实现，而与之相应的能量则以某种方式被损失、挥霍。这一压力不能与封闭锅炉中的压力相提并论。如果空间被完全封闭，没有任何出路，那一切都不会爆发。但压力始终存在，某种意义上，生命将在一些过于接近的界限上窒息，它以各种方式渴望获得不可能实现的生长，它释放持续溢出的过剩资源，以供大量挥霍的可能之用。生长达到极限，不在封闭锅炉中的生命至少进入沸腾的状态：它并未爆炸，其极端的丰盛在一种始终接近爆炸的活动中流逝。

这种情况的结果很难在我们的算计中被考虑

在内。我们计算自身的利益,但这种情况让我们无能为力,因为"利益"这个词本身就与这些条件下涉及的欲望相矛盾。一旦想理性行事,我们就应该考虑到自身行为的效用:效用包含一种优势、维持或增长。而如果必须应对丰盛,或许有可能将其用于某种增长。但出现的问题排除了这一可能性。假设生长不再可能,将如何处置那持续存在的能量沸腾?损失显然不等同于使用。然而,这里涉及的是流失,是纯粹而简单的损耗,但它无论如何都会发生:从一开始,过剩的能量如果不能用于增长,便会被损失掉。同样,这种不可避免的损失以任何名义都不可能被认为是有用的。它只是惬意的损失,比令人生厌的损失更可取:这是愉悦,而非效用。尽管如此,这样的结果却是决定性的。

4. 压力的第一个效应:扩张

生命所施加的压力很难被定义和准确表现。它既复杂又难以捕获,但我们可以描述其影响。于是人们的脑海中出现一个形象,但在提出这个形象时,必须说明一点:它表明结果,却不提供对原因的具体解释。

让我们想象有一大群人,他们都想要观看一场将在非常狭小的竞技场中举行的斗牛。这些人都迫切想涌入竞技场,但无法全部进入其中,他们中的大部分必须在场外等候。同样,生命的可能性无法不受限制地得以实现,它被空间所限,正如入场人数被竞技场中的座位数量限制一样。

压力的第一个效应将是增加竞技场内的座位数量。

如果场内安保工作良好,座位数量就会被明确限定。但场外可能会有一些树和路灯,从其顶端可以看到竞技场内的情景。如果没有明文禁止,将会有一些人爬上这些树和路灯。同样,大地最初向生命敞开由水和土地构成的最根本的空间。但很快,生命便占领了天空。首先,重要的是扩大绿色植物的面积,它吸收太阳辐射的能量。空中层叠的枝叶显著增加了这种绿色物质的面积:较之草地,树的结构尤其使这一可能性得以发展。随后,灰尘、有翅昆虫和鸟类也陆续占据天空。

5. 压力的第二个效应:挥霍或奢侈

然而,座位的缺少或许导致另一个结果:一场争斗可能在竞技场入口处展开。若有人死亡,相对于座位数的人数过剩将缩减。这一结果表现得与第一种恰好相反。有时压力可以使得新的空间被打开,有时相对于座位数量的个体过剩的可能性被消除。后一种效应以最多样的形式存在于自然界中。

最显著的形式便是死亡。人们知道,死亡并不是必要的。生命的简单形式不会消亡:由细胞繁殖的有机体的起源无从找寻。因此人们不能说该有机体具有父本和母本。假设有复制品 a′ 与 a″,由 a 分裂而来,a 并未因 a′ 的出现而死亡;a′ 仍旧是 a(a″ 也同样如此)。但是,我们假设在生命起源时期(为便于论证,这是纯理论的假设),只存在一个微生物:它很快便会大量繁殖,遍布整个大地。经过一段短暂的时间后,原则上,繁殖将由于空间的缺乏而变得不再可能,用于繁殖的能源也将以热量等形式被挥霍。而在浮萍这种微生物那里出现的正是这一情况,浮萍以一层绿色表皮将池塘覆盖,并自那时起始终处于平衡状态。对于浮萍而言,空间是有限制地给定的,它被非常狭小地限于池塘中。但在整个地球范围内,浮萍的停滞状态是不可设想的,地球无论如何都缺乏必要的平衡。人们可以承认(在理论上),在任何地方都与其自身完全等同的压力将导致休止状态,导致热量的损失普遍取代生

长。实际的压力有其他结果:它令不平等的有机体
处于竞争中,而我们即便无从得知这些物种如何参
与运动,也可以说出运动本身如何。

　　除去生命的外部活动(气候或火山现象),生命
物质中的压力不均持续为生长提供因死亡而留下
的空间。这不是一个新的空间,如果在整体上考察
生命,真正的增长并不存在,而只有普遍意义上对
总量的维持。换句话说,可能的增长被缩减为对摧
毁行为的补偿。

　　我强调这一事实:不存在普遍意义上的增长,
而仅有各种形式下对能量的奢侈挥霍!地球上的
生命史主要是疯狂的丰盛的结果:占据主导地位的
事件是奢侈的发展和越来越耗费巨大的生命形式
的产生。

6. 自然界的三种奢侈:吃、死亡和性生殖

　　物种间的相互捕食是最简单的奢侈形式。由
于食物短缺,被德军围困的民众对生命物质间接发
展的这种耗费性特征有了普遍认识。如果人们种
植土豆或小麦,以可消费的热量来计算的土地收益
将远远高于产出奶或肉的同等面积的畜牧用地。

耗费量最低的生命形式是绿色微生物(通过光合作用吸收太阳的能量),但通常情况下,植物的耗费要低于动物。植物能快速地占据可用空间。动物则令这一空间成为屠杀场,并以这种方式增加其可能性:它们自身的发展更为缓慢。在这一点上,猛兽达到了顶峰:作为掠夺者,它持续的捕猎表现出巨大的能量挥霍。威廉·布莱克(William Blake)曾经问老虎:"你炯炯的双目之火,能燃及多深的深渊和多远的远方?"以这种方式使他感到震惊的是残酷的压力,在可能的极端,是生命极度消耗的能力。在生命普遍的沸腾中,老虎是极度炽热的一点。因为这种炽热在天空的深远处,在太阳的消耗中尽情地燃烧。

吃导致死亡,却是以偶然的形式。在所有可设想的奢侈中,死亡——以其必然而严酷的形式——无疑是最为昂贵的。动物躯体的脆弱与复杂性已经展现出奢侈的意义,但这一脆弱和奢侈在死亡中达到顶点。同样,在空间中,树干和树枝将层叠的枝叶伸向阳光,而死亡将一代代的延续散布于时间之中。死亡不断地将必要的空间留给新生命的来临,而我们错误地诅咒死亡,没有死亡,我们将无法存在。

事实上,当我们诅咒死亡时,我们只是对自身存在恐惧；正是我们的意志使得其严酷性令我们战栗。我们欺骗自己，幻想逃避奢侈的丰盛的运动，而我们只不过是这一运动的强烈形式。或者，我们起初欺骗自己只是为了随后更好地体验这种意志的严酷，使其达到意识的极限。

在这方面，我们以同样的方式看待死亡的奢侈与性奢侈，首先将其视为对我们自身的否定，随后通过突然出现的颠覆，又将其看作以生命为体现的活动的深刻真理。

在目前的情况下，不管我们的意志如何，性生殖与吃、死亡一起构成最重要的奢侈性迂回，确保能量的大量消耗。首先，性生殖强化细胞分裂所表明的事实：通过分裂，个体为了自身而拒绝生长，并经由个体的繁殖，将其转化为生命的普遍性。因为从一开始，性就有别于吝啬的生长。如果性对于物种来说呈现为一种生长，那么原则上，它同样是个体的奢侈。这一特征在性生殖中更为突出：被孕育的个体明确地与孕育它的母体分离，后者给予前者生命，就像人们给予其他个体生命一样。然而，如果并不拒绝今后在营养摄取阶段再回到生长原则的话，从最初，高级动物的生殖就不断加深它与通过进食来增加体重和力量这一个体的简单倾向之间的区别。对于动物来说，这是快速并狂热地挥霍能量资源的机会,很快便达到可能的极限(在时间里,就像老虎在空间中)。这种挥霍将远远超出物种生长所需的能量。在这一刻,它似乎是个体力量所能完成的极限。在人类那里,挥霍伴随着一切可能的毁灭形式,引发对财富的大量摧毁——想象中对肉体的屠杀,并最终重返死亡非理性的奢侈和过剩。

7. 经由劳动和技术的扩张以及人的奢侈

人类的基本活动由这一生命的普遍运动所决定。在某种意义上,处于扩张中,这向生命打开广阔的可能性和新的空间(就像自然界中树的枝叶或鸟的翅膀所做的那样)。劳动和技术为人类日益增长的生殖所打开的空间,并非在其本意上指一个生命尚未占据的空间。然而,改变世界的人类活动为生物群体增加了附属器具,这些器具由大量的惰性物质构成,显著增加了可利用的能量资源。人从一开始就有能力将一部分可用能量用于其能量财富的增长,这种增长不是生物上的,而是技术上的。总之,技术促使生命在可能范围内所实现的基本生长运动延伸并重新开始。也许这涉及一种既非连续不断,也非不可穷尽的发展。有时,技术的停滞导致发展中止;有时,新技术的发明会带来新的活跃。能量资源增长本身可以为生物(人口)增长复苏奠定基础。19 世纪的欧洲史正是这些以工具为基础的大规模生命繁殖最好的(也是最著名的)例证:人们认识到人口增长的重要性,而这首先与工业发展相关。

说实话,人口与工具之间的数量关系——就像普遍意义上历史中的经济发展条件——受制于大量我们始终难以确定其具体形态的干涉。无论如何,我都无法将详尽的分析纳入概述部分,后者可以独自在其总体勾勒中呈现使地球充满活力的广阔运动。然而,近期人口增长的减缓足以表明结果的复杂性。因为,源自人类活动并由新技术促成或维持的重新发展,始终导致双重结果。首先,它使用一部分可观的过剩能量,却因而生产出越来越多的剩余。其次,这一过剩使增长变得更加困难,因为增长不再足以将其使用。在某一点上,扩张的利益被与其相反的奢侈的利益所中和:前者仍然存在,却是以令人失望的方式——不确定且时常软弱无力。人口曲线的跌落也许是突如其来的征兆改变的第一个迹象:从今往后,最重要的不再是发展生产力,而是奢侈地耗费产品。

在这一点上,巨大的挥霍正在酝酿:在一个世纪的殖民与工业和平之后,发展的暂时极限已经来临,两次世界大战献祭了有史以来最大量的财富和人口。然而,这却与普遍生活水平的显著提高相吻合:民众受益于越来越多的非生产性服务,劳动减少,收入在总体上有所增加。

因为,地球上的人只是对增长问题的一种迂回的和补充性的回应。或许,通过劳动和技术,人类使扩张成为可能,并超越既定的限制。但正如相对于植物,食草动物是一种奢侈——食肉动物相对于食草动物也一样,在所有的生物中,人类最有能力极度而奢侈地消耗过剩能量,生命的压力使这些过剩能量燃烧,而燃烧正与其运动的太阳来源相符。

8. 被诅咒的部分

这一真理充满矛盾,与通常出现的真理完全相悖。

这种矛盾的特性由以下事实所强调:在丰盛的顶点,其意义无论如何都是被遮蔽的。在目前情况下,一切都使基本运动变得模糊,基本运动力求将财富归于其功能,归于馈赠和不计回报的浪费。一方面,着手进行毁坏的机械化战争将这一运动的特征界定为相异于且敌对于人类的意志。另一方面，生活水平的提高丝毫没有表现为对奢侈的需求。要求提高生活水平的运动甚至是对巨额财富的奢侈的抗议，于是，这个要求便以正义的名义被提出。显然无须反对正义，但我们可以指出，这里的"正义"一词遮掩了其反义词——就是自由——的深刻真理。在正义的面具下，普遍自由确实具有服从于必要性的存在的那种平庸而中立的表象。更确切地说，这是将自由的界限缩减至最低程度，而非危险的爆发，"爆发"一词已失去其意义。这是针对束缚的风险做出的保证，而不是承担风险的意愿，没有风险，也就没有自由。

财富消耗要求我们展开行动，而诅咒的观念正与行动的这一双重变化有关。拒绝以其残忍形式呈现的战争，拒绝奢侈的挥霍，其传统形式今后就意味着非正义。当财富的增加达到前所未有的程度，它终于在我们眼中产生某种方式上其始终具有的被诅咒的部分的意义。

9. "普遍"观点与"特殊"观点的对立

我们感到恐惧并避开鼓舞我们的挥霍行动，甚

至我们本身就是这个行动,这一事实自然不会令人
惊异。从一开始,结果便令人焦虑。正是老虎的形
象揭示了吃的真理。死亡成为我们的恐惧,虽然在
某种意义上,食肉与对抗死亡是男子气概的需求
(这是另外一回事!),但性别特征却与死亡的丑闻、
与食下的肉的丑闻联系在一起。①

　　然而,这种诅咒的氛围必须以焦虑为前提,而
焦虑本身又意味着生命的丰盛所施加压力的缺失
(或虚弱)。当焦虑者自身对过剩没有强烈意识时,
焦虑便会产生。正是这一点表明焦虑的孤独与个
体意义。只有从个人的特殊观点出发才有可能出
现焦虑,这种观点在根本上与建立在生命物质总体
丰盛基础上的普遍观点相悖。对于生气勃勃的个
体,对于以洋溢为实质的生命整体,焦虑是没有意
义的。

　　如果对当前的历史形势加以考虑,我们会发现
它的特点在于:涉及普遍情况的判断来源于一种特
殊观点。原则上,特殊的存在总是有可能缺乏资源
并面临消亡。普遍的存在与此恰好相反,对它而
言,资源过剩且死亡毫无意义。从特殊观点出发,
问题首先由于资源不足而被提出。如果我们从普

———————

① 　这种联系似乎被包含在"淫罪"这一表达中。

遍观点出发,问题则首先在于资源过剩。也许,贫困问题无论如何都会继续存在。显然,一旦普遍经济成为可能,它应同样并首先考虑有待发展的增长。但如果考虑贫困或增长,它便会意识到贫困和增长都无法避免的限制,意识到过剩的存在所引发问题的支配(决定)性。

如果我们简要地考察一个例子:印度的贫困问题首先无法同这个国家的人口增长及其与工业发展之间的比例失调分开。印度工业增长的可能性本身也无法与美国的资源过剩分开。在这种情况下,普遍经济的一个典型问题便凸显而出。一方面显露渗出的必要性,另一方面则显现增长的必要性。当今世界的特点在于人类生命所施加的(质或量的)压力不均。

自此,普遍经济提议一种正确的行动:美国的财富无偿向印度转移。为此目的,普遍经济同时考虑到印度人口发展给世界带来的压力以及压力的失衡带给美国的威胁。

这些考虑势必将战争问题置于首位,而战争问题只有在对根本性沸腾的研究中才能被清楚地审视。唯一出路是全球生活水平的提高——在当前的道德条件下,只有这样才有可能吸收美国的资源过剩,将压力降至危险点以下。

这一理论观念与近期出现的涉及该主题的经验论观点略有差异,但它更为根本。并且应该明确,这些经验论观点回应了预先构想的这个观念。确认这一点似乎赋予两者更大的力量。

10. 普遍经济的解决办法与"自我意识"

但必须立刻补充一点:尽管解决办法已经确定,却很难在我们的意愿范围内实行,以至于这些举措从一开始便几乎难以令人受到鼓舞。理论上的解决办法存在,甚至其必要性也远远没有被决策者们完全忽略。然而,其至更为清楚,普遍经济首先定义的是这个世界的爆炸性特征,世界目前已被推至爆炸压力的顶点。显然,诅咒施加于人类生活,令它无力阻止一种令人眩晕的运动。

必须毫不犹豫地在原则上确定,这样的诅咒,只有人类才能将它消除。但如果建立诅咒的运动没有清晰地出现在意识里,那么诅咒就不会形成。在这一点上,只能提出"生活水平的提高"作为化解威胁性灾难的办法,这似乎相当令人失望。我已经说过,这一求助与它在事实上忽视想应对的需求这一意愿有关。

但如果人们同时考虑这种解决办法的脆弱与效力,似乎立刻就会发现,作为唯一因其自身的模糊性而能够被广泛接受的答案,它更加引发并刺激一种意识明晰的努力,尽管表面上疏离于此。在这条道路上,面对真理的逃逸通过补偿作用成为认识真理的保证。当前人类的精神无论如何都会厌恶一切并非消极却夸张随意的解决办法。相反,它与具有典范性的严格意识联系在一起,只有这种严格可能将人类生活缓慢地置于其真理中。当然,对普遍经济的阐述要求介入公共事务。但首先也更为深刻的在于,它以意识为目标,从一开始就关注自我意识,人类最终将在对其一连串历史形态的清晰视野中实现这一自我意识。

因此,普遍经济从对历史资料的叙述开始,后者将其意义赋予现时资料。

第二章　历史资料（一）：消耗社会

一、阿兹特克人的献祭与战争

1. 消耗社会与劳动社会

我将通过对几组社会事件的描述来阐明经济的普遍运动。

首先,我将提出一个原则:根据定义,这种以挥霍为结果的运动远远不能等同于其自身。如果存在相对于需求(指真正的需求,如果这些需求无法得到满足,社会便会遭受损失)而言的资源过剩,这种过剩并不总由纯粹的损失而消耗。社会可能发展,于是能量的过剩就被有意地留作增长之用。增长起调节作用,它将无序的沸腾引向有序的生产性工作。但这种与知识发展联系在一起的增长本质上是一种过渡状态。它不可能无限地持续下去。人类科学显然要修正这些在其发展的历史条件下形成的观点。受制于增长活动的人与稳定社会中相对自由的人并无任何不同。一旦人类生活不再沉溺于幻想而力图满足工作的需求,后者确保既定成果得以增长,生活的面貌就会发生改变。同样,从夜晚的喧闹到上午的严肃事务,人的面貌也会有所变化。在增长中持严肃态度的人类变得文明而温和,但它却倾向于混淆温和与生活的价值,混淆生活平静的延续与其诗意的活力。在这样的情况下,人类对事物通常持有的清晰认识便无法成为一种完全的自我认知。人类被其认同的充分人性所欺骗:人类处于劳动之中,为了劳动而生存,却并不自由地享受劳动成果。当然,人种学和历史学所谈论的那些相对闲逸的——至少是不太关心其成果的——人也并非完美之人。但他们可以帮助我们发现自身所欠缺的东西。

2. 阿兹特克人世界观中的消耗

我将首先谈到的阿兹特克人从道德层面上看与我们完全不同。由于文明是通过成果来衡量的,阿兹特克人的文明在我们看来微不足道。尽管如此,他们使用文字并具有天文学知识。但他们的重要成果都是无用的：他们利用建筑学构筑金字塔，并在塔顶杀人献祭。

阿兹特克人的世界观与在行动方面作用于我们的世界观奇怪地截然相反。耗费在他们思想中的地位丝毫不亚于生产在我们思想中的地位。他们关心献祭，就像我们关心工作一样。

在阿兹特克人眼中，太阳本身也是献祭的表现。这是一个类似于人的神。他纵身跃入火炉中燃烧的火焰，变成了太阳。

西班牙方济各会修士伯纳狄诺·迪·萨哈冈（Bernardino de Sahagun）曾在16世纪中叶有所著述，他记载了一些年老的阿兹特克人向他讲述的内容：

> 相传在有太阳之前，众神聚集在特奥蒂华坎（Teotihuacan）……他们相互问道："谁来负责照亮世界？"一个名为特库希斯特卡特尔（Tecuciztecatl）的神回答说："由我负责给世界光明。"众神又问："还有谁？"随即，他们互相对望，寻找第二个人选，他们当中却无人敢主动请命，诸神都心怀顾虑并相互推托。其中一个地位卑微、长着脓包的神，一言不发地听其他

神的对话。于是众神对他说:"就是你了,**长脓包的小家伙**。"他欣然接受指令并回答道:"我接受你们的命令,就像接受恩惠一般,愿意领命。"两位被选中的神随即开始了四日的苦修。之后,他们点燃了岩石上的火盆……名叫**特库希斯特卡特尔**的神献出的都是珍贵之物:他没有使用花束,而将昂贵的绿咬鹃羽毛作为祭品,他献上金珠而非草团,献上用珍贵宝石制成的棘而非龙舌兰刺,献上红珊瑚荆棘而非染血的荆棘。此外,他用于献祭的柯巴树脂也是最好的。**长脓包的纳纳华特辛**(Nanauatzin)没有使用普通的细枝,而是献出了九枝绿芦苇,并将每三枝编在一起。同时,他献上草团和沾染其鲜血的龙舌兰刺,他没有用树脂,而是献出自己脓包的**痂皮**。

人们为这两位神各建造了一座山丘形的巨塔。在那里,他们进行了四天四夜的苦修。四晚的忏悔结束后,人们在塔的四周撒满树枝、花束及他们使用过的其他所有物品。翌日午夜后,祭礼就将开始,人们带来**特库希斯特卡特尔**的装饰品:草鹭羽毛和轻便的布袍。至于**长脓包的纳纳华特辛**,人们给他戴上被称作

anatzontli 的纸制无边高帽,并系上同样用纸做成的裙裳和襟带。午夜降临,诸神站在被称作 Teotexcalli 的火盆旁,盆中的火焰已经燃烧了整整四天。

他们排成两列,分别站在火盆两旁。两位被选召者来到火盆边,面向火盆站在两列神之间。众神对特库希斯特卡特尔说:"去吧,特库希斯特卡特尔,跳进火里吧。"特库希斯特卡特尔试图跳入火中,可火盆又大又烫,他感觉到的炽热令他心生畏惧并退了回来。第二次,他鼓起勇气想要跳进火盆,但在临近时又停了下来,再不敢往前。他徒劳地尝试了四次,而诸神已规定每人最多只能尝试四次。于是在特库希斯特卡特尔的四次失败尝试后,他们转向纳纳华特辛并对他说:"去吧,纳纳华特辛,轮到你了。"话音未落,纳纳华特辛便鼓起勇气,紧闭双眼,纵身跃入火中。火盆中随即传出爆裂声,就像烤东西时发出的声响。眼看纳纳华特辛投身火盆并在其中燃烧,特库希斯特卡特尔立即一跃而起,冲进烈火中。传说有一只鹰也于同一时刻飞进火盆,这便是为何鹰的羽毛现在为暗黑色;一只老虎也紧随其后,但它并未被烧死,只是被灼伤了,因此老虎的皮毛遍布着黑白相间的条纹。[1]

片刻过后,跪拜的众神看见"化身太阳"的纳纳华特辛从东方升起。"他遍体通红,左右摇摆。任何人都无法用目光直视他,因为他光芒四射,会将他们的眼睛灼瞎。与此同时,月亮也从地平线上升起。由于曾犹疑不决,特库希斯特卡特尔的光芒没有那么明亮。随后众神都死了,风,即羽蛇神,将他们全部杀死,风神挖出他们的心脏,用以点亮初生的星辰。"

应该将这个神话与阿兹特克人的信仰进行比较。根据他们的信仰,人类,不仅是人类,还包括战争,都是"为了向太阳献祭人的心脏和血液"[2]而被创造出的。这一信仰中消耗的极端价值的意义毫不逊于神话。每年,为了向太阳表示敬意,墨西哥人都会进行众神曾完成的四日斋戒。随后,他们会

---

[1] 伯纳狄诺·迪·萨哈冈,《新西班牙物之史》(*Histoire des Choses de la Nouvelle Espagne*),茹尔达内(Jourdanet)和西梅翁(Siméon)译,1880年,第一部分,第七卷,第二章。

[2] 《墨西哥人绘画史》(*Historia de los Mexicanos por sus Pinturas*),第六章。

杀死如长脓包的皮肤病患者那样的麻风病人作为祭品。因为对他们而言,思想只是对行为的展现。

3. 墨西哥的活人献祭

我们比先辈更完整而生动地了解墨西哥的活人献祭,这或许是一系列残忍的宗教仪式中最恐怖的一种。

祭司在金字塔顶将被献祭者杀死。他们令后者平躺在石制祭台上,用一把黑曜石制成的刀剖开其胸膛。他们将仍在跳动的心脏挖出并举向太阳。绝大部分牺牲者都是战俘,这也印证了战争对于延续太阳生命不可或缺这一观点:战争的意义是消耗,而不是征服,并且墨西哥人认为,如果战争停止,太阳就会停止发光。

献祭"在复活节前后"进行,人们将一名无比英俊的年轻男子作为祭品。他是一年前在所有战俘中选出的,从那时起,他便过着贵族般的生活。"他手捧鲜花,在众人的拥簇下在城中巡游。他亲切地问候遇见的每一个人,而这些人则将他视作泰兹卡特里波卡(Tezcatlipoca,最伟大的神祇之一)的化

身,并跪倒在他面前,向他表示崇敬。"① 人们时不时
会在夸乌蒂希卡尔科(Quautixicalco)金字塔顶的神
殿中发现他的身影:"他在殿内吹奏长笛,或白天,
或夜晚,只要他想去那里。吹奏之后,他便朝向世
界的其他部分摇吊炉奉香,接着回到他的住所。"②
人们竭尽所能地为他提供雅致和豪华的生活。"如
果他身体发胖,人们就给他喝盐水,以保持其轻盈
的体态。"③ 献祭日的二十天前,人们带给他四名容
貌姣好的年轻女子,在这二十天里他将与她们肉体
交融。同样,人们专门为他准备的这四名年轻姑娘
也是在此目的下经过精心照料的。她们被赋予四
位女神的名字……在牺牲者即将被献祭的前五天,
他会得到与神所获得的一样的敬意。国王留在宫
殿里,朝臣们都跟随这个年轻人。④ 人们在清新而
舒适的地方为他举行宴会……献祭那天到来时,他
被带到一个名为特拉科奇卡尔科(Tlacochcalco)的
祈祷室。但在抵达之前,他来到一个叫特拉皮特萨
纳扬(Tlapitzanayan)的地方,在那里,他的女人们离
开他、抛弃他。当到达受死之地后,他独自登上神

---

① 伯纳狄诺·迪·萨哈冈,第一部分,第二卷,第五章。

② 同上,第一部分,第二卷,附录。

③ 同上,第一部分,第二卷,第二十四章。

④ 同上,第一部分,第二卷,第二十四章。

殿的台阶,每登一级便折断一根自己在这一年中用来吹奏乐曲的长笛。[1] 当他来到塔顶,已准备好取其性命的刽子手(祭司)们抓住他,将他扔在石砧上,他平躺在上面,手、脚和头都被牢牢缚住。这时,手持黑曜石刀的祭司一刀刺进他的胸膛,然后拔出刀,将手伸进刀刚刚刺开的豁口,取出心脏并随即敬献给太阳。[2]

人们十分尊重这位年轻人的身体:它被缓缓地移至神殿的庭院里。普通的牺牲者则被沿着台阶抛至底层。最残忍的暴行也不过是寻常之事。死者的皮被剥下,一名祭司随即披上这张淌血的人皮。一些人被扔进大火炉,烧死前再被用钩子从中拉出并置于砧板上。人们通常会食用被屠杀者的肉。这样的仪式连续不断地进行,每年神圣的宗教仪式都要求无数的祭品:被献祭者据说多达两万。其中一名受刑者扮演神的角色,他登上祭坛,像神一样,在祭坛四周众人的陪伴下赴死。

---

[1] 伯纳狄诺·迪·萨哈冈,第一部分,第二卷,第五章。
[2] 同上,第一部分,第二卷,第二十四章。

4. 刽子手与牺牲者的亲密关系

阿兹特克人以一种特殊方式对待即将受死的人。他们十分人道地对待这些战俘,提供战俘们所要求的食物和饮料。据说当士兵带回一个战争中的俘虏并将其献祭时,士兵会将战俘"视为自己的儿子,而战俘也会把士兵当作父亲"[①]。牺牲者与将处死他们的人同歌共舞。人们希望以此减轻他们的焦虑和不安。"女医师和接生婆安慰一个化身'神之母'的女人,对她说:'不要悲伤,漂亮的朋友,今夜您将与国王共度良宵,请您尽享欢愉吧。'人们丝毫不让她察觉自己将被杀死,因为死亡对于她必须是突然来临且出乎意料的。"即将受死的人通常都知晓自己的命运,在献祭的前一晚,他们被迫唱歌跳舞,彻夜不眠。有时,人们会将他们灌醉,或者为了让他们不去想即将到来的死亡,就给他们一个"妓女"。对于这种面临死亡的痛苦等待,牺牲者们承受的方式各有不同。相传有一些将在 11 月的某个节日里被处死的奴隶,"他们会去主人那里与之告别,走在前面的一个人手捧一个盛满墨水的盆。

---

① 伯纳狄诺·迪·萨哈冈,第一部分,第二卷,第二十一章。

他们声嘶力竭,用能穿透胸膛一般的声音拼命歌唱,到达主人的居所后,他们将双手浸入墨盆中,随后将手按在门槛和柱子上,在那里留下他们的印记。他们也会去家人的住所重复同样的动作。其中几个胆子大的人仍然有力气吃东西,其他人想着即将遭受死亡,连吞咽的勇气都没有了"①。一个扮演伊拉马特库尔特莉(Ilamatecultli)女神的奴隶身着白衣,由黑白羽毛装饰,脸被涂抹成一半黑一半黄。"在杀死这个女人之前,人们令她在长者演奏的乐曲声和歌者的歌声中跳舞。想到自己很快将被处死,她痛苦不堪,一边跳舞,一边流泪和叹息。"②秋天,一些女人在科阿特兰(Coatlan)神庙中被献祭。"当这些不幸的女人登上神庙的台阶时,其中一些人唱歌,另一些人叫喊,还有一些人则流下了眼泪。"③

5. 战争的宗教特征

这些战俘的献祭离不开其赖以实现的条件:战

---

① 　伯纳狄诺·迪·萨哈冈,第一部分,第二卷,第三十四章。

② 　同上,第一部分,第二卷,第三十六章。

③ 　同上,第一部分,第二卷,第三十三章。

争和死亡的危险。墨西哥人只有在面临死亡的危险时才倾洒热血。

他们意识到战争与献祭之间的这一关联。接生婆剪断新生儿的脐带，并立即对他说：

> 我在你身体中央剪断你的脐带。你一定要知道，要明白，这间你出生的房子并非你的居所……这里是你的摇篮，是你头脑得以休息的地方……而你真正的归属在别处，你必将去往另外的地方。你属于战场；你来到这个世界便是为了投身战场；你的天职和你的才干，在于战争；你的责任，就是将敌人的鲜血敬献给太阳，将敌人的身体敬献给大地。至于你的归宿、继承与幸福，你会在天界的太阳神殿中得到……对你来说，光荣地在战场上结束你的一生，在战场上迎来灿烂的死亡，这是一种幸福的命运。我现在从你身体上，从你肚皮中间剪掉的是大地和太阳之神特拉尔泰库特利（Tlaltecultli）的财产。当战争爆发，战士们聚集时，我们会把这脐带交给那些骁勇的士兵，他们会把它献给你的父母亲：太阳与大地。战士们将你的脐带掩埋在战场中央，战争在那里打响：那将是你献身大地和太阳的证明，是你

履行战争职责的誓言。你的名字将被刻在战
场之上,它和你的人一样永远不会被遗忘。这
个从你身上取下的珍贵祭品就如龙舌兰刺、烟
熏的芦苇和阿克斯科亚特尔(axcoyatl)树枝一
样。通过它,你的决心和你的牺牲都得到见
证……①

在这神圣的仪式中,带回战俘的人与祭司同样
重要。牺牲者伤口流淌出的第一碗鲜血由祭司敬
献给太阳。第二碗则由抓获战俘的士兵盛接。他
来到神像前,用热血将诸神的嘴唇润湿。牺牲者的
遗体归还给他:他把它带回家,留下头颅,其余部分
则不加盐和辣椒地烹煮好,在宴会中供宾客食用,
但士兵本人不会吃,他将牺牲者视为自己的儿子,
视为另一个自己。在宴会结束前的舞蹈中,士兵将
手捧牺牲者的头颅。

如果士兵本人战死而非得胜归来,他在战场上
的牺牲也会与战俘的献祭仪式具有相同的意义:同
样,他也为饥肠辘辘的诸神所果腹。

在人们致泰兹卡特里波卡的祷告中有如下关
于士兵的内容:

---

① 伯纳狄诺·迪·萨哈冈,第一部分,第六卷,第三十一章。

事实上，您有理由期盼他们战死沙场，因为您让他们投身这个世界，只是出于一个目的：将他们的血和肉用作太阳和大地的食物。①

在食用了血与肉之后，太阳将光荣赋予其殿堂中的灵魂：在那里，战死的士兵与被屠杀的战俘混杂在一起。在战争中死亡的意义由同样的祷告凸显而出：

请让他们勇猛无畏吧，请带走他们内心所有的怯懦，使他们不仅快乐地接受死亡，更渴望死亡，并从中找到魅力与乐趣；请让他们不要惧怕弓箭，也不要惧怕利剑，而将其视作如鲜花和佳肴一般的美妙之物。

6. 从宗教至上到军事效益至上

战争在墨西哥社会中的价值不可能欺骗我们：这并不是一个军事社会。宗教在其社会活动中始终具有明显的核心地位。如果要定位阿兹特克人

① 伯纳狄诺·迪·萨哈冈，第一部分，第六卷，第三章。

的话,那么他们是属于战争社会的,在那里有着不计其数的纯粹暴力和炫耀性的争斗形式。阿兹特克人对战争和征服中那种深思熟虑的组织并不知晓。真正的军事社会是一个行动社会,对其而言,战争的意义是权力的发展,是统治权的有序推进。①这是一个相对温和的社会,它将行动的理性原则引入习俗中,其目的指向未来,并将献祭的疯狂排除在外。与军事组织最为相悖的就是这种由屠杀奴隶所体现的对财富的挥霍。

　　然而,战争活动的极端重要性给阿兹特克人带来了显著改变,它将出现在与消耗的残酷暴力截然相反的行动理性(它在关注结果和效力的同时带来一种人性的开端)这一意义上。"国王留在宫殿里",朝臣们簇拥着一年最隆重的献祭中的这个牺牲者(人们给予他"与神所获得的一样的敬意")。我们必须清楚,这是一种替代性的献祭。缓和将内在的暴力抛至他者,这就是消耗的道德原则。诚然,激励阿兹特克社会的暴力运动既没有更多地转向外部,也从来没有更多地转向内部。但内部和外部的暴力在那里构成一种毫无保留的经济。战俘

---

① 我借助葛兰言(Granet)和乔治·杜梅吉尔(Georges Dumézil)的观点。

的仪式性献祭需要士兵们的牺牲,被献祭的牺牲者
至少体现出战胜者的奢侈耗费。用一个战俘取代
国王,这是献祭的沉醉中一种明显的甚至是彻底的
缓和。

7. 献祭或消耗

这种缓和最终揭示出一种与献祭仪式相符的
运动。对我们来说,这种运动出现在它唯一的逻辑
必然性中,并且我们无从得知事件的后续进展在细
节上是否与之相一致:无论如何,其协调性已定。

献祭在神圣世界中恢复了奴隶制所毁坏和亵
渎的东西。奴隶制将一个与主体具有相同性质并
与其同处一种内在参与关系中的人变为一种东
西(一个物)。献祭并非必然要在严格意义上摧毁
动物或植物,人类本可以将其变为一个供自己使用
的东西。至少,必须将它们作为物而摧毁,在它们
已经变成物的情况下。摧毁是否定人与动植物之
间功利主义关系的最佳方式。但这种摧毁极少导
致献祭。只需祭品消费,或领圣体,具有一种无法
被缩减为普通食物摄取的意义。献祭的牺牲者无
法像发动机消耗燃料一般被消费。仪式能够找回

的是战胜者对牺牲的内在参与,而奴隶制已将此终结。被迫劳作并成为他人财产的奴隶与耕地的动物一样,都是一个物。使用囚犯来劳作的人割断了将他与同类结合起来的联系。不久之后,他会将奴隶卖掉。但主人并非仅仅把这一财产变为一个物或一件商品:任何人都无法将奴隶这一他者本身变成一个物,却没有同时远离自身的内在属性,没有赋予自身物的限制。

这一点不能被狭隘地看待:完美的行动并不存在,奴隶和主人都没有被完美地归结于物的范畴。奴隶对其占有者而言是一件物品。相较于死亡,他更乐于接受这一处境。对他来说,他确实失去了一部分内在价值,因为仅仅是这个或那个并不够:必须同时为了他人而存在。同样,对于奴隶,主人不再是他的同类,他们被显著地区分开来:即使奴隶仍然被他的同类视作人,即使他在他人眼中始终是人,从此以后他也置身于一个人只能是物的世界。于是,同样的平庸在人类生活中和阴天的田野上蔓延。当阳光被云层阻隔,耀眼的光辉消失时,阴沉的天气似乎"将事物还原为本来的模样"。谬误显而易见:在我眼前的从来只有这个世界,它不是一个物,并且当我在阳光里看见世界的光辉时,我丝毫不会弄错。可是,如果太阳隐藏起来,我便更直

接地看到谷仓、田野和篱笆。我再也看不见往日谷
仓上太阳的光辉,视野里只有谷仓或篱笆,它们就
像世界与我之间的一道屏障。

　　同样,奴隶制令世界失去光亮,每个物品被分
开放置,被归结为它所具有的用途。光亮或光辉赋
予生活的内在性、它内在的本质,在主体的感知中,
这既等同于其自身,又仿佛是世界的透明。

　　然而,向物的范畴缩减,这并非仅限于奴隶制。
奴隶制已被废除,但我们自己知道,在社会的某些
方面,人被降低为物,并且我们应该明白,这种降低
并不期待奴隶制。劳动被引入世界,这首先以理性
的关联取代内在性,取代深层的欲望及其不受拘束
的爆发。在这种理性关联中,重要的不再是当下的
真理,而是行动未来的结果。最初的劳动构建起物
的世界,通常与之相符的是古代人①的世俗世界。
自从物的世界建立后,人本身便成为这个世界的物
品之一,至少当他在劳动时如此。所有时代的人都
努力挣脱的正是这种地位的下降。在其怪诞的神
话和残酷的仪式中,人类从一开始就在寻找失去的
内在性。

　　宗教便是这种漫长的努力和不安的追寻:其目

————————————

①　尤指古希腊人和古罗马人。——译注

的始终在于摆脱现实的范畴,摆脱物的平庸,在于
抵达神的范畴。人所利用的动物或植物(仿佛它们
只是为了他才有价值,丝毫没有对于自身的价值)
被归还于内在世界的真理;人从中获得神圣的交
流,而这种交流又令其回到内在的自由。

这种内在自由的意义在摧毁中被赋予,摧毁的
本质在于毫无收益地消耗诸多有用成果中可能留
存的一切。献祭摧毁的是它所奉献的东西。它不
应该像火一样地摧毁,只有祭品与有用活动的世界
之间的联系被割断,但这种分离具有一种决定性消
耗的意义,被奉献的祭品无法被归于现实范畴。这
个原则为摆脱束缚开辟了道路,它解放暴力,为其
保留专制的领域。

内心世界与现实相对立,就像过度与节制,疯
狂与理性,沉醉与清醒。只有物具有节制,只在物
与其本身的一致中才有理性,只在对物的明确认识
中才有清醒。主体的世界是黑夜:这个游移不定、
极度可疑的黑夜在理性的沉睡中孕育出魔鬼。我
原则上认为,对于丝毫不从属于"现实"范畴而仅关
心当下的自由"主体",疯狂本身赋予它一种缓和的
观点。一旦主体开始考虑未来,它便脱离自身的领
域并从属于现实范畴内的物。因为当主体没有被
强制劳动时,它便成为一种消耗。如果我不再关心

"未来怎样",而仅考虑"现在如何",那么我不做任何储备的理由是什么呢？我可以立即胡乱地将自己拥有的全部财富变为瞬间的消耗。一旦对未来的忧虑被消除,这种无用的消耗就是令我愉悦的东西。倘若我如此不加节制地消耗,那么我便向同类显露出自己内在的本质:消耗是分离的生物之间相互交流的途径①。在激烈消耗的人之间,一切都是透明、开放和无限的。然而从那时起,一切都不再重要,随着热度增加,暴力得以解放并无限制地发作。

保证物回归内在范畴的是物的消耗,在消耗这个火炉里,暴力或许受到限制,但向来是非常困难的。献祭的问题始终在于,考虑到毁坏并使剩下的部分免遭被波及的致命危险。所有触及献祭的人都处于危险中,但献祭的有限仪式性形式通常具有保证提供献祭的人免受危险的作用。

献祭是热量,那些构成共同行动系统的人的内在性就位于其中。暴力是它的原则,但献祭活动将暴力限制在时间和空间里,暴力服从于联合与保持

①　我强调一个根本性论据:生物的分离被限制在现实范畴内。仅当我停留于物的范畴时,分离才是现实的。分离确实是现实的,但现实的东西是外部的。"所有人,在内在维度上,只是一个人。"

共同之物的考虑。个体挣脱束缚,但这种爆发使他们融合并将他们不加区分地混入同类中,并将他们束缚在世俗时代的工作中。还没有涉及为了财富的无限制发展而吸收过剩力量的行动。成果只是为了维持。它仅仅预先设定节日的限制(限制的丰富性确保回归,而回归就是其丰富性的来源)。然而,只有群体免于毁灭。牺牲者任由暴力支配。

8. 被诅咒的、神圣的牺牲者

牺牲者是从大量有用财富中取出的一种过剩。而他被从中提取,只能是为了被毫无收益地消耗,并因此被永久性地摧毁。一旦被选中,牺牲者便成为被诅咒的部分,将被用于暴力的消耗。然而,诅咒令他摆脱物的范畴,使其形象清晰可辨。从那时起,他的形象便展现出生物的内在、焦虑与深邃。

最令人吃惊的是人们给予牺牲者的无微不至的照顾。作为物,人们无法真正将他从与之相连的现实范畴中抽离,除非摧毁剥夺他的物性并永久去除他的用途。一旦牺牲者被献出,在成为圣体到死亡的这段时间里,他便进入献祭者的内在并参与后者的消耗:他成为他们亲友中的一员,在他将赴死的节日里唱歌、跳舞,并和他们一起纵情享乐。牺牲者身上不再有奴性,他甚至能获得武器并进行战斗。他在节日巨大的混乱中迷失。而正是这一点毁了他。

事实上,牺牲者是唯一将彻底脱离现实范畴的人,因为只有他从头至尾地参与整个节日活动。祭司仅在有所保留的程度上是神圣的。未来沉重地保留在他身上,未来对于他是物的重压。被萨哈冈记录下其传统的真正的神学家们①明确感受到这一点,他们给予纳纳华特辛的自愿牺牲以至高无上的地位,歌颂被诸神所消耗的那些士兵,并赋予神性以消耗的意义。我们无法得知墨西哥的牺牲者们在多大程度上接受自己的命运。可能在某种意义上,一部分牺牲者为自己被献予神而"感到光荣"。但他们的牺牲并不是自愿的。甚至,很显然,从萨哈冈的信息提供者们的时代起,这些死亡的狂欢便

---

① 仅指对神圣的认知。有人认为我影射的那些文本证明了基督教的影响。这样的假设在我看来毫无用处。基督教信仰的内容本身来自过去的宗教经验,为萨哈冈提供信息的人所代表的世界具有一种必要的协调性。在迫不得已的情况下,纳纳华特辛自愿的贫苦可以被视作一种基督教化。但我认为这种观点是基于对阿兹特克人的蔑视,必须说明,萨哈冈似乎并不赞同这样的观点。

得到宽容,因为它们令外国人感到震惊。墨西哥人在自己的孩子中挑选出供宰杀的祭品。但是,在前往祭坛时离开队列的人,会被告知将面临酷刑。献祭在焦虑与狂热中进行。狂热更甚于焦虑,但条件是将其影响转移至外部,转移给一个外国战俘。只需献祭者放弃那个本应成为其财富的牺牲者。

但这种可解释的严格的缺失并未改变仪式的意义。只有超出界限的过剩具有价值,对它的消耗似乎与神相符。人类以此代价摆脱他的衰退,并以此代价消除现实范畴的吝啬与冷酷算计施加在他身上的重负。

二、竞争性馈赠("夸富宴")

1. 炫耀性馈赠在墨西哥社会中的
普遍重要性

活人献祭只是挥霍循环中的一个极端时刻。激情令鲜血从金字塔流淌而下,也在普遍意义上促使阿兹特克人将其拥有的资源中的很大一部分用于非生产性用途。

统治者和"部落首领"拥有大量财富,其职能之一便是进行炫耀性浪费。在更为古老的年代,统治者自身似乎应是献祭循环的结果:他的牺牲——他自己和他所代表的人民都赞同——能够将一种无限消耗的价值赋予上涨的杀戮浪潮。他的权力最终应该保护了他。但十分显然,他是挥霍之人,他虽没有献出生命,却付出了财富。他理应赠予和游戏。

根据萨哈冈的记载,"国王们寻找机会显示自己的慷慨并以此获得声誉,正因为如此,他们为战争或阿雷伊托舞(献祭仪式前后的舞蹈)的花费甚是巨大。他们将珍贵的财物投入游戏中,当下层平民中的某个人——无论男女——壮起胆向他们致意并用言语取悦他们时,国王便会赠其佳肴和美酒,并赏赐用于穿着和就寝的织物。如果有人为国王创作歌曲并博得他们的欢心,国王便会根据他的功劳和他带来的乐趣给予奖赏"①。

统治者只是最富有的人,但富人、贵族、"商人"都要根据自己的力量和形象回应同样的期待。节日不仅是鲜血的流淌,更是普遍意义上财富的倾注,每个人都在其能力范围内有所贡献——节日给每个人提供展示能力的机会。通过俘获(战争中)或购买,战士和"商人"提供用于献祭的牺牲品。墨西哥人用石头筑起神庙,并以神像装饰。宗教仪式使贵重的祭品大量增加。主祭和牺牲者的装扮十分奢华,仪式的宴会也导致可观的耗费。

一些公共节日由富人尤其是"商人"个人

---

① 萨哈冈,第一部分,第八卷,第二十九章。

举办。①

2. 富人与仪式性挥霍

关于墨西哥的"商人"及其遵从的习俗,西班牙的编年史作者们留下了确切信息:这些习俗可能令他们颇感惊讶。这些"商人"在不安全的地方进行探险,他们时常需要彼此争斗,这往往导致战争,荣誉与他们在战争中的状态联系在一起。但他们承受的危险可能还不足以使其与贵族平起平坐。在西班牙人眼中,交易令人堕落,即使它可以带来奇遇。欧洲人的判断坚持利益至上的贸易原则。而墨西哥的大"商人"并不严格遵守利润规则,他们做买卖从不讨价还价,而是要维护商人的荣耀。阿兹特克"商人"不出售货品,而是通过馈赠进行交换:他们从"首领"(统治者,西班牙人称之为国王)那里接受作为赠品的财富,再将这些财富赠予他们所达之地的领主。"收到赠礼后,这个地方的领主们立即准备其他礼物……以回赠给国王……"统治者赠送大衣、衬裙和珍贵的女士衬衣。"商人"自己获赠

————

① 萨哈冈,第一部分,第九卷,第四章。

色彩丰富、形态各异的羽毛以及各类打磨过的宝石、贝壳、折扇、用于搅拌可可的玳瑁板和绘有图案的猛兽皮毛。[1] "商人"并不把他们从旅行中带回的这些物品看作简单的商品。返回后，他们避免在白天将这些物品搬入家中。"他们等待夜晚和某个适宜的时刻。其中一个名为塞卡伊(一座房屋)的日子被视为吉日，他们认为，运回的物品在这一天进入家中，将被当作圣物安放并永久地保存。"[2]

在这些活动中，用于交换的物品不是一个物，它不能被缩减为世俗世界的惰性和生命缺失。人们通过物品进行的馈赠是荣誉的标志，而物品本身也散发着荣光。通过赠予，人们展现其财富和运气(权力)。"商人"热衷于馈赠，他探险归来后所操心的第一件事便是举行宴会，邀请他的同行出席并让他们满载礼物而回。

这只是一个庆祝回归的简单宴席。但如果"某个商人发了大财并以富人自居，他便会为所有的高级别商人和领主筹备一个节日或一场宴会。因为在他看来，如果在世时没有进行某个可以为自己增添光辉的奢华耗费，没有展示神将一切都赋予自己

---

[1] 萨哈冈，第一部分，第九卷，第五章。

[2] 同上，第一部分，第九卷，第六章。

的恩宠,那将是耻辱"[①]。节日从吸食毒物开始,一旦醉意消散,宾客们就互相描述他们的幻觉。两天时间里,主人分发食物、饮料、吸烟用的芦苇和鲜花。

更罕见的是,某个"商人"在一个被称为潘克察利兹利(panquetzalitzli)的节日里举办宴会。这是一种耗费巨大的神圣仪式。举行这个仪式的"商人"将借此机会献出一些奴隶作为祭品。他广邀宾客并汇聚起价值可观的礼物:"数量多达八百或一千件"的大衣,"四百条最为贵重的和无数条其他普通的"腰带。[②] 在这些赠品中,最贵重的将被赠予首领和显贵,地位较低的人收到的礼物也较少。人们连续不断地跳阿雷伊托舞,被精心装扮的奴隶也加入其中,他们戴着项链、花环和饰有花纹的圆盾。他们一边跳舞,一边轮流吸芦苇烟并闻其芳香的气味。随后,他们被安置在一个高台上,"以便宾客们看清楚,人们还向奴隶分发菜肴和酒水,对他们非常尊敬"。献祭的时刻到来,举办节日的"商人"将自己装扮成奴隶中的一个,并同他们一起前往神庙,祭司正在那里等候他们。这些牺牲者全副武

---

① 萨哈冈,第一部分,第九卷,第十章。
② 同上,第一部分,第九卷,第七章。

装,他们将在途中与进攻他们的士兵交战。如有士兵俘获了某个奴隶,"商人"则需要付钱将其赎回。统治者本人也参与庄严的献祭仪式,献祭结束后,人们会在"商人"家中一起食肉。[1]

这些习俗,尤其是通过馈赠进行交换,与今日的贸易活动截然相反。如果我们将它与一个目前仍然存在的习俗——美洲西北部印第安人的夸富宴——进行比较,那么其中的意义就会显现。

3. 美洲西北部印第安人的"夸富宴"

古典经济学设想,原始交换以物物交换的形式进行。古典经济学为什么没有想到:起初,交换这一获得方式并不在于满足获取的需要,而是相反地满足了损失或浪费的需求? 某种意义上,古典主义的观点在今天是值得质疑的。

墨西哥"商人"实行不合常理的交换体系,我将其描述为规律性的赠予。这些"荣耀的"习俗——而非物物交换——恰恰构成古老的交易制度。美洲西北部海岸的印第安人如今依旧实行的夸富宴

---

[1]　萨哈冈,第一部分,第九卷,第十二、十四章。

正是这种交易制度的典型形式。目前,人种志学者用这一名称来指称具有类似原则的习俗:他们在所有社会中都发现了夸富宴的印记。在特林吉特人、海达人、钦西安人和夸扣特尔人中,夸富宴占据社会生活的首要位置。这些部落中最落后的那些在标志个人状态改变的仪式上举行夸富宴,如入教、婚礼和葬礼。在那些文明程度更高的部落里,夸富宴还在节日中进行:人们可以选择一个节日来举办夸富宴,但它本身也可以独自成为节日的缘起。

同贸易一样,夸富宴也是财富流通的途径,但它将议价排除在外。通常,一个首领将大量财富隆重地赠予其对手,目的在于羞辱、挑战并强迫他。受赠人要消除羞辱、接受挑战,就必须履行接受馈赠时约定的义务:他只能稍后举办一次新的、比前一次更为慷慨的夸富宴来进行回应。他必须超过原数地奉还。

馈赠并非夸富宴的唯一形式,也可以通过大量摧毁财富来挑战对手。原则上,被摧毁物是奉献给受赠人传说中的祖先:它与献祭相差无几。就在19世纪,一个特林吉特人的首领曾当着某个对手的面将一些奴隶割喉杀死。在既定期限内,对手杀死更多的奴隶以回敬这一摧毁。西伯利亚东北部的楚科奇人也有类似习俗。他们屠杀价值可观的狗群:

必须恐吓并震慑敌对部落。西北海岸的印第安人则烧毁村庄、砸碎船只。他们拥有一些刻有纹章并(根据他们的名望和资历)具有虚拟价值的铜条,有时,这些铜条相当值钱。印第安人把它们投入大海或砸碎。[①]

4. "夸富宴"理论(1):被归结为权力 "获取"的"馈赠"的悖论

马塞尔·莫斯的《论馈赠》出版以来,夸富宴习俗成为一些模棱两可的好奇与关注的对象。夸富宴让人们意识到宗教行为与经济行为之间的联系。然而,在这些行为中,我们无法找到同时适用于两者的普遍规律——如果我们把经济理解为人类活动的约定总和,而不是在其不可缩减的运动中,把经济理解为普遍经济的话。事实上,如果没有事先提出由普遍经济所确定的观点,那么对夸富宴经济

---

① 这些资料出自马塞尔·莫斯出色的研究,《论馈赠——古老社会中交换的形式与理由》(*Essai sur le Don*,*Forme et Raison de l'Echange dans les Sociétés archaïques*),载《社会学年鉴》,1923—1924 年,第 30—186 页。(该原注中的文章名和发表年份与前文不一致,似有误。——译注)

方面的考察将是徒劳的①。如果在普遍意义上，问题触及的是获取而非有用财富的挥霍，那么将不会存在夸富宴。

夸富宴习俗如此奇特却又如此熟悉（我们的大量行为都可以被归结为夸富宴的法则，它们具有相同的意义），对这一习俗的研究在普遍经济中具有特别重要的价值。如果通过我们生活的空间，在我们身上存在一种能量运动，能量被我们使用，却无法被缩减为效用（我们理性地寻求它），那么我们可能对这一运动并不知晓，但我们同样可以让自身的活动适应于持续进行的外部运动的完成。为解决如此提出的问题，就必须有兼具两个相反意义的行动：一方面我们应超越通常所处的邻近范围，另一方面我们要以某种方式使超越回归我们的限制。

---

① 在这里我要说明，我今天发表的研究成果源于对《论馈赠》的阅读。首先，对夸富宴的考察引导我提出普遍经济的法则。但同样有必要指出，我遭遇了一个难以克服的特别的困难。我所引入的普遍原则可以解释大量的事实，却在夸富宴（在我看来，夸富宴始终是这些事实的起源）中留下一些无法克服的因素。夸富宴不能被片面地阐释为一种财富的消费。直到最近我才得以缩减这一难题，并为"普遍经济"的原则提供了一个相当模糊的基础：能量的挥霍始终是物的反面，但它只有在进入物的范畴并转化为物之后才能被考虑。

问题在于剩余的耗费。我们应该赠予、损失或毁坏。然而,如果馈赠不具有获取的意义,那么它将是荒谬的(结果是我们将永远无法下定决心馈赠)。因此,馈赠必须变为获取权力。馈赠具有超越赠予主体的效应,但通过物品交换,主体将超越归为己有:他将自己有能力实现的效应视为一种财富,一种从今往后归属于他的权力。他通过轻视财富而变得富有,他所吝惜之物正是其慷慨的结果。

但他无法独自获得由放弃权力而产生的权力:如果他独自、悄然地摧毁物品,任何权力都不会由此产生,在主体中将只有毫无回报的权力分离。但如果他在另一个人面前毁坏或馈赠物品,那么赠予人在对方眼中便确实获得了赠送或摧毁的权力。从此以后,他变得富有,因为他使财富成为其本质中所规定的用途;他变得富有,因为他公然消耗了那些仅在被耗费后才成为财富的东西。然而,在夸富宴中——在为了他人的消费中——被实现的财富只有当他人被耗费所改变时才具有事实的存在。在某种意义上,真正的消耗应是孤独的,但它无法达到完善,这种完善只有通过付诸他人的消耗行动才能获得。施加于他人的行动恰好构成馈赠的权力,而这一权力是在损失中获得的。夸富宴的典型效应体现在这样一种可能性中:人可以抓住逃离他的东西,并将宇宙的无限运动与属于他的界限结合起来。

5.“夸富宴”理论(2):馈赠的表面无意义

但是,谚语说:“送出之物不可收回。”

同时寻求无限与有限是自相矛盾的,其结果是一场闹剧:从普遍经济的观点来看,馈赠没有任何意义,挥霍仅属于赠予人。

此外,赠予人只在表面上损失。不仅他对受赠人享有馈赠赋予的权力,而且受赠人必须通过还礼来摧毁这一权力。竞争甚至还导致更大数量的回报:为了报复,受赠人不应仅满足于摆脱窘境,他还必须向其对手同样施加“馈赠的权力”。在某种意义上,礼物将超过原数地奉还。因此,馈赠与其表象相反:赠予显然是损失,但损失似乎为其主体带来了收益。

说实话,夸富宴的这一可笑的矛盾方面具有欺骗性。第一个赠予人遭受表面的收益,这一收益源于其赠出和收回的礼物之间的差距。只有回赠的人感受到获取——一种权力——和胜利。事实上,正如我所说的,最理想的是无法被返还的夸富宴。

利益丝毫不能满足获胜的欲望。相反地,接受利益促使——并强迫——更多赠予,因为最终必须消除由此产生的义务。

6. "夸富宴"理论(3):"地位"的获得

或许"夸富宴"无法被归结为对损失的欲求,但它带给赠予人的不是报复性回赠中不可避免的财物增加,而是它给予最终获胜者的"地位"。

威望、光荣和地位不能与权势相混淆。或者,如果威望是权势,那么前提条件在于权势本身摆脱人们通常将其归于其中的力量与权利的观念。甚至必须说,权势和损失的权力之间的一致是根本性的。众多因素与之对立、干扰并最终占据上风。但总的来说,从人的观点出发,力量和权利都并非个体不同价值的基础。在一些清晰的记忆中,地位以决定性方式,随着个体馈赠的能力而变化。大体上,动物性因素(在争斗中获胜的能力)本身从属于馈赠的价值。诚然,这是将地位或财富据为己有的能力,但同时也是人类将自身全部牵连其中的事实。况且,向动物性力量求助中的馈赠特征在为了共同事业而进行的战争中受到谴责,战士们为这一共同事业献出生命。作为一种优越性的结果，光荣本身区别于占据他人位置或掠夺他人财产的权力：光荣表现出激烈的战争所必需的一种狂热而荒谬的运动、一种无节制能量耗费的运动。战争是光荣的，因为它总在某一时刻超越了算计。但如果战争和光荣的意义没有通过轻率地耗费生命资源——夸富宴正是其最显著的形式——而被部分地与地位的获得相联系，那么人们便难以把握这一意义。

7."夸富宴"理论(4)：首要根本法则

但是，尽管夸富宴确实与掠夺、有收益的交换或普遍意义上的财富占有相悖，获取也依然是其最终目标。由于夸富宴所实现的运动区别于我们的运动，它在我们眼中显得更为特别，所以更可能揭示出我们通常所忽略的部分，它让我们认识到自身根本性的模糊不清。我们可以从中得出以下法则，或许，人无法被一劳永逸地定义(尤其是，这些法则在不同历史阶段发挥不同的作用，即使其结果被中性化)，但这些法则从未停止从根本上呈现一种决定性的力量游戏：

在某些方面和某些时刻,社会持续拥有的资源增加无法成为一种完全占有的对象(人们不能将其变成一种有益的利用,不能将其用于生产力的增长),但对这一增加部分的挥霍本身成为占有的对象;

在挥霍中被占有的是它给予挥霍者(个体或群体)的威望,这种威望像财产一样被挥霍者获取,并决定其"地位";

同样地,在社会中的"地位"(或一个社会在某一整体中的"地位")能够像一件工具或一块田地那样被占有;如果它最终是利益的来源,那么原则同样取决于对理论上本可以被获取的资源的坚决挥霍。

8."夸富宴"理论(5):模糊不清与矛盾

如果人类占有的资源被简化为一定数量的能量,那么人类就无法不断将其专门用于增长,增长不可能是无限的,尤其不可能是持续的。人必须把剩余浪费掉,但他始终渴望获得,即便他进行着相反的活动,他甚至使浪费成为一种获取对象。资源一旦被耗尽，浪费者获取的威望就将持续存在。浪费者为此目的不加掩饰地挥霍，以便通过这种方式获得凌驾于他人之上的优越性。然而，他却反向地利用其对所浪费资源之用途的否定。于是，他不仅使自己，也使得人类的整个存在都陷入矛盾之中。从此，人类存在进入持续的含混之中：他将价值、威望与生命的真理置于对物质财富的奴性使用的否定之中，但同时又将这种否定变为奴性的使用。一方面，在有用且可获取之物中，他辨认出那些对其而言必要的、可以被用于其增长（或继续生存）的部分，但如果狭隘的必要性不再约束他，那么这个"有用之物"便无法完全满足他的意愿。从那时起，人类便需要不可捕获之物，需要对自我和物质财富的无益利用，需要游戏，可是他试图抓住那个他自己希望是不可捕获的东西，试图利用那些他拒绝承认其效用的东西。对我们的左手而言，仅仅知道右手给出之物是不够的：他尽力迂回地将其取回。

地位完全是这种扭曲的意愿的结果。在某种意义上，地位与物相对立：使之建立的是某种神圣的东西，地位的普遍序列被称为等级。决意把具有神圣本质的东西当作一个可用并有用之物来对待，这完全相异于功利主义的世俗世界。在世俗世界中，为了奴性的目的，手毫不犹豫地举起锤子、钉牢木板。然而,含混不清使世俗活动的需求负债累累,就如同它使欲望的暴力失去意义并将其变为一场明显的喜剧。

这种被赋予我们本性中的妥协宣告一系列的诡计、过失、陷阱、剥削和狂热,它们经由各个时代导致了历史明显的无理性。只要人固执地想要抓住无法捕获的东西,想要将失去的仇恨的激情用作工具,人就必然处于幻境之中,被自身的思考所蒙蔽。地位——其中损失转变为获取——与智力活动相符,后者将思维的对象缩减为物。事实上,夸富宴的矛盾不仅体现在整个历史中,而且更深刻地体现在思维活动中。因为,通常在献祭或夸富宴中,在行动(历史)或冥想(思维)中,我们所寻求的始终是这种阴影(根据定义,我们无法抓住它),我们只能徒劳地称之为诗歌,称之为深刻或内在的激情。我们必然被欺骗,既然我们想要捕捉这一阴影。

如果认知没有被瓦解,我们将无法达到认知的最终对象,认知要把这一对象重新归于从属之物、被使用之物。关于知识的问题与消耗问题相同。谁也不能在认知的同时而不被摧毁,谁也不能既消耗又增长财富。

9. "夸富宴"理论(6):奢侈与苦难

　　然而,如果脱离了无限生命体的个人(或团体)生命的需求确定一种所有行动都与之关联的利益,生命的普遍运动同样超越个体需求而得以实现。归根结底,利己主义被欺骗了。它似乎占据上风并勾画出一种不可挽回的限制,但无论如何它都无能为力。也许,个体之间的竞争消解了民众的权力,这种权力无法应对能量总体的丰盛。弱者被强者欺诈、剥削,而强者所补偿他的则是明目张胆的谎言。但这无法改变总体结果,在那里,个体利益变得微不足道,富人的谎言变成真理。

　　归根结底,增长或获取任何个体都渴望得到的能量的可能性在某一点上有其限制,但这种可能性必然被解放:在谎言的外衣下真正得到解放。归根结底,人类编织谎言,竭力把这种解放与利益联系起来:这种解放将他们带向更远处。从此,某种意义上,人类始终在欺骗。个体的资源积累原则上注定要被摧毁:实现积累的个体并非真正拥有这一财富、这一地位。在原始状态中,财富总是类似于军需品的储备,后者非常清晰地意味着摧毁,而非财富的拥有。然而,如果涉及地位的可笑真理,那么这一形象同样是准确的:这是一种爆炸性的负荷。
地位高的人最初只是一个爆炸性的个体(所有人都
具有爆发性,但他尤其如此)。或许,他试图避免爆
炸,至少是将之推迟。从此以后,他欺骗自己,可笑
地误认为他的财富和权力并不存在。如果说他成
功做到平静地乐享于此,那么代价就是对其自身、
对其真正本性的无知。同时,他欺骗其他所有人,
在他们面前,相反地,他始终肯定一种他自己试图
逃离的真理(其爆炸本性)。当然,他将陷于这些谎
言之中:地位将被归结为剥削的便利,归结为利益
的无耻来源。这种苦难无论如何都无法中断丰盛
的运动。

财富的运动不关心意图、缄默和谎言,缓慢地
或突然地,它渗出并消耗能源。这往往很奇怪,但
是不仅这些资源足够,而且如果资源不能以生产的
方式被完全消费,增加就会持续存在,并必须被消
除。初看上去,夸富宴没有很好地实现这种消耗。
财富的摧毁并非其规则,财富通常被馈赠,因此行
动中的损失被归于赠予人,财富在总体上得以保
存。但这只是表象。尽管夸富宴极少达到完全类
似于献祭的行为,但它却是旨在从生产性消费中获
利的某种习俗的补充形式。一般来说,献祭从世俗
的流通中提取有用产品;夸富宴的馈赠原则上使最

初无用的物品进入流通。古代的奢侈业是夸富宴的基础：这一行业大量挥霍等同于可自由使用的人类劳动总量的资源。在阿兹特克人那里，就是"大衣、衬裙和珍贵的女士衬衣"，或者"色彩丰富的羽毛……打磨过的宝石……贝壳、折扇、玳瑁板……绘有图案的猛兽皮毛"。在美洲西北部，船只和房屋被毁坏，狗和奴隶被割喉屠杀：这些都是有用的财富。馈赠物基本上是奢侈品（在其他地方，食物的馈赠从一开始就被用于节日中的徒然消耗）。

　　甚至可以说，夸富宴是奢侈的特殊表现和意味深长的形式。在古老的形式之外，事实上奢侈保留了夸富宴的功能性价值：地位创造者。奢侈仍然决定着炫耀财富者的地位，不讲究奢华就没有高贵的地位。然而，享有奢华的人却在任何方面都吝啬地算计。透过缺陷，在财富中闪亮的东西延伸太阳的光辉，并呼唤激情：这并非那些将其归结于自身贫穷的人所想象的，而是无限生命体向丰盛之真的回归。这一真理将那些误解它的人摧毁。我们至少可以说，财富的现有形式让自认为占有财富的人变质，成为对人类的嘲讽。就这一点而言，当今社会是一个巨大的赝品，在那里，这种财富的真理暗暗地进入苦难之中。当今时代真正的奢侈、深度的夸富宴重归不幸，与躺在地上蔑视的人意气相投。真正的奢侈需要拒绝劳动的人对财富彻底蔑视并毫无所谓,他使其生活既成为被无限毁坏的光辉,又成为对富人艰涩谎言的无声侮辱。在军事剥削、宗教欺骗和资本主义侵占之外,如果没有破衣烂衫的光辉和冷漠的阴暗挑战,一切都无法找回财富的意义,那被财富显示为爆炸、挥霍和漫溢的东西。如果我们愿意,最终,谎言将把生命的丰盛献给反叛。

第三章　历史资料（二）：军事行动社会

1. 赋予伊斯兰教意义的困难

伊斯兰教——穆罕默德的宗教——是与佛教、基督教并列的世界三大宗教之一。伊斯兰教在世界范围内拥有数量众多的信徒,它允诺,只要信徒在其一生中履行明确的宗教义务,死后便能享有真福。和基督教一样,伊斯兰教确信存在唯一的造物主,但在其单一性上毫不妥协:伊斯兰教把三位一体的教义视为一种恐怖。穆斯林只承认唯一的真主,穆罕默德是其使者,但他无法获得真主的神性。穆罕默德与耶稣不同,后者同时具备人与神的双重性,是两个世界之间的媒介。伊斯兰教对神性的超越从未衰减:穆罕默德只是一个被赐予神的默启的人。

原则上,这些观点足以定义伊斯兰教。其次,我们还要补充一点:伊斯兰教承认犹太-基督教的传统(穆斯林谈论亚伯拉罕和耶稣,但耶稣本身只是一名先知)。穆罕默德信徒们的历史已为人熟知:早期哈里发的征服、帝国的解体、蒙古人和突厥人的先后入侵以及当今穆斯林势力的衰落。

这一切都一目了然,但事实上仅仅是表面如此。如果我们试图进入这种精神,它导致了一种广

泛运动并在历史中决定了无数人的生活，那么我们
所发现的并不是本应触动我们个人的东西，而是一
些确切的资料，只有通过资料中描绘的服饰和新奇
城市的地方色彩以及一系列宗教态度和行为，我们
才能切实感受到它对于信徒的吸引力。人们熟知
穆罕默德的生平，他本人所讲的语言对我们而言不
具备佛或基督的语言中那种明确且不可替代的意
义。只要我们稍微清醒一点，佛和耶稣便与我们交
谈，而穆罕默德却对其他人说话……

这千真万确，以至于当我们遭遇的不可否认的
诱惑要用语言来自我表达时，我们却什么也说不
出。于是，道德准则显示出其本来面目：与触及我
们的东西相异。我们只能求助于某些便利。

我们不能怀疑埃米尔·德曼罕（Emile Der-
menghem）的真诚与能力，他对伊斯兰教带给我们
的价值进行了概述①，并借此完成其内容相当丰富
的作品，《南方纪事》（Les Cahiers du Sud）刚刚将该
作品奉献给伊斯兰教。除了一种不可缩减的困难，
指责其他内容都将是徒劳的。但无论强调自由（对

---

① 埃米尔·德曼罕，《伊斯兰的证词：关于穆斯林文明永久与
现时价值的笔记》（Témoignages de l'Islam. Notes sur les
valeurs permanentes et actuelles de la civilisation musul-
mane），第 371—387 页。

立于奴役)还是温和(对立于暴力)，这都令人惊讶并显示出意欲表达深刻同情之人的慌乱。如果说德曼罕谈论自由(第 373 页)，他表明自己同时对自由和伊斯兰教抱有同情，但他援引的例证并不具有说服力。《古兰经》有言："真主不爱压迫者。"人们承认真主这一观念和非正义压迫之间的矛盾，但这并不是穆斯林的特征。不能因此忘记，在伊斯兰教中，统治权普遍具有专制的特征。自由难道不是在反抗中被建立，不顺从不也同样如此吗？而伊斯兰教这个词本身就意味着顺从。穆斯林一词的意思是顺从的人。[1] 穆斯林顺从于真主，服从于真主要求的纪律，因此也服从于真主的代表者们所规定的纪律：伊斯兰教是与变化无常的男子气概相悖、与多神教部落中阿拉伯人的个人主义相悖的纪律。没有什么与自由这个具有男子气概的词在我们眼中所表明的观念更相反的了。

文中关于战争的一段论述(第 376—377 页)也同样奇怪。德曼罕或许有理由强调，对穆罕默德而

---

[1]　当然，埃米尔·德曼罕对此并非不知晓，他在后文中(第 381 页)写道："……既然穆斯林正意味着顺从和屈服……"德曼罕在伊斯兰教研究上的能力不容置疑，他有时令人赞叹地探讨穆斯林的神秘主义，唯有当他试图确定伊斯兰教的永久价值时表现出的困惑令人质疑。

言,伟大的圣战并不是穆斯林对抗非伊斯兰教徒的战斗,而是自我牺牲的战斗,穆斯林必须不断通过它来对抗自身。德曼罕也有理由通过伊斯兰教最初的征服中明显的人道主义来表明其节制性。但如果我们谈论关于穆斯林的战争以赞美他们,那就不应将这种节制与伊斯兰教的道德原则分开。在穆斯林眼中,一切反对非伊斯兰教徒的暴力行动都是正确的。在麦地那,穆罕默德的信徒们从一开始便以掠夺为生。莫里斯·格德法-德蒙彼内(Maurice Gaudefroy-Demombynes)写道:"在穆斯林违背前伊斯兰教圣月的休战而进行的一次掠夺中,《古兰经》规定穆斯林进行战斗。"[1]

《圣训》(Hadith,古伊斯兰的文字教义和某种意义上的准则)系统地组织了征服。它将无用的暴力和残暴排除在外。战败者中那些与战胜者达成协议的人被强迫遵守的制度应该是人道的,尤其对基督教徒、犹太教徒和琐罗亚斯德教徒而言。这些人只在纳税上顺从。同样,《圣训》还要求农作物、树木和灌溉工程受到尊重。[2] 但是,"穆斯林群体的

---

[1] 莫里斯·格德法·德蒙彼内,《穆斯林体制》(Les Institutions musulmanes),1946 年第 3 版,第 120 页。

[2] 同上,第 121 页。

伊玛目①应对紧邻'伊斯兰领土'的'战争领地'的民众展开圣战(jihad)。军队首领必须证实这些民众了解伊斯兰教义并拒绝遵守;一旦确信这一点,就必须与他们战斗。因此,圣战在伊斯兰边境持续不断地进行。穆斯林与非伊斯兰教徒之间根本不可能存在真正的和平。这是一个理论化的绝对观点,它无法抵抗事实,而且我们应该找到法律手段,即希拉②,以便在遵循的同时避免它。教义允许穆斯林王子在国家遭受难以克服的衰弱或出于国家利益考虑的情况下,与非伊斯兰教徒约定最长十年的休战期。只要对其违背誓言的行为进行道歉,他们就可以随心所欲地终止休战期"。如何能不将这些教义视为一种扩张和无限增长的方法?无论在原则、影响和影响的期限上,这都是最完美的方法。

德曼罕的某些其他观点也同样是面目不清的。但这一点似乎较为明确:对于一个超越其存在理由而继续存在的体制,如何把握其意义?伊斯兰教是一种被应用于系统性征服的纪律。完成的行动是

---

① "伊玛目"是阿拉伯语"إمام"音译,是伊斯兰教的教职称谓,意为领袖、表率者或权威等。——译注
② "希拉"为阿拉伯语中的"الحيلة",意为手段、计谋。——译注

一个空的框架。从此,它所维护的道德财富为人类
所共同拥有,但其外部结果更为明显、稳定和确切。

2. 伊斯兰教历纪元①之前阿拉伯人的
消耗社会

如果必须明确先知的纪律的意义和伊斯兰的
意义,我们就不能局限于伊斯兰教的继续存在,它
将死亡或毁灭之美保留在我们身边。伊斯兰教决
意将当时分散的部分组成一个帝国,以此来对抗其
诞生的阿拉伯世界。我们相对清楚地知道,在伊斯
兰教历纪元之前,那些从未越过部落边界的阿拉伯
小群体生存艰难。它们并不总是游牧的,但对麦加
或亚特里布(后来的麦地那)这样的小城来说,游牧
者与定居者之间的差异相对微弱。这些阿拉伯小
群体在严格的部落戒律中维持着极为敏感的个人
主义,诗歌的重要性正与之相关。个人或部落间的
竞争,英勇、殷勤、挥霍、雄辩和诗才的对抗,在那里
扮演最为重要的角色。炫耀性馈赠和浪费盛行。

---

① 公元 622 年,穆罕默德从麦加流亡到麦地那,标志着伊斯
兰教历的开始。——译注

我们或许可以从《古兰经》里的"不要为了得到更多而给予"（LXXIV，6）这条规定，推断出某种夸富宴仪式的存在。这些大多信奉多神教的部落都进行血祭（此外还有基督教和犹太教部落，但当时是部落而非个人来选择宗教;生活方式是否因此发生重大变化则不能肯定）。被杀者的亲族必须对杀戮者的亲族进行报复，这种血腥的复仇成为这幅挥霍性暴力图景的补充。

假设具有强大军事组织的邻邦限制了扩张的可能性，那么这种花费巨大的生活方式就能够保证持续的平衡（频繁地杀死新生女婴最终避免了人口过剩）。但如果邻邦趋于衰弱，那么继续维持一种阻止强大力量形成的生活方式，便无法使本部落从中受益。即使进攻某些正在衰落的国家，也必须事先改变习俗，事先制定征服、行动和统一力量的原则。穆罕默德似乎无意回应邻国的衰弱导致的可能性:即使他明确产生利用这一机会的念头，他的教诲也只能达到同样的范围。

确切地说，与阿兹特克人相比，这些前伊斯兰教的阿拉伯人并未更多地达到军事行动社会的阶段。他们的生活方式符合消耗社会的原则。但在处于同一发展阶段的民族当中，阿兹特克人实行了军事霸权。与萨桑王朝的伊朗和拜占庭为邻的阿拉伯人则只能进展不顺利。

3. 诞生中的伊斯兰教或归结于
军事行动的社会

哈里·霍尔马(H. Holma)写道,"早期伊斯兰教的虔诚派无疑值得更为深入的研究和考察,特别是当马克斯·韦伯(Max Weber)和桑巴特(Sombart)明确指出虔诚派观点在资本主义的起源和演变中具有重要性之后"[①]。芬兰作家的这一思考有充分依据,尤其因为犹太教徒和新教徒的虔诚派被与资本主义无关的意图所激励。结果同样是资本积累占主导地位的经济的诞生(不利于通常出现在中世纪的消耗)。无论如何,如果穆罕默德蓄意把他同时代的阿拉伯人盲目且耗费巨大的骚动变为有效的征服工具,他不能做得更好了。

穆斯林的清教主义行动类似于一个秩序混乱的工厂的领导所采取的行动:他明智地补救机构内

---

① 哈里·霍尔马,《穆罕默德,阿拉伯人的先知》(*Mahomet, Prophète des Arabes*),1946 年,第 72 页。

出现的所有导致能量损失的缺陷,并将受益化为乌
有。穆罕默德以迪尼^①、信仰和顺从的纪律来对抗
穆鲁瓦^②,对抗前伊斯兰教部落中光荣的个人"男子
气概"的标准(黎塞留反对封建荣耀的传统和决斗,
他通过算计,也采取同样的做法)。他禁止在穆斯
林群体内部进行血腥复仇,但允许对非伊斯兰教徒
进行报复。他严禁杀害孩童,严禁饮酒和竞争性馈
赠。他用有益于社会的施舍取代这种纯粹追求荣
誉的馈赠。《古兰经》(ⅩⅦ,28—29)写道:"将属于
亲人、穷人和旅行者的东西还给他们,不要像挥霍
者一样浪费。因为实际上,挥霍者是魔鬼的兄弟。"
极度的慷慨,部落最重要的美德,突然间成为憎恶
的对象,并且个人的骄傲也受到诅咒。挥霍、执拗、
野蛮的战士,女子的爱慕者或情人,部落诗歌中的
英雄,让位于虔诚的士兵,教律和礼仪的恪守者。
集体祈祷的习俗也始终在外部表明这一变化:它被
恰当地比作统一人心并使其机械化的军事训练。
《古兰经》(或《圣训》)与变化无常的诗歌世界之间
的对比象征着这种拒绝。直到虔信的军队不可抵

---

① "迪尼"意为"宗教",是伊斯兰教启示的生活方式、穆斯林
信仰和习俗的总称,常指伊斯兰教的宗教信仰。——译注
② "穆鲁瓦"意为"男子气概",是伊斯兰教的一种部落观念,
指战场上的勇气、复仇和绝对忠诚。——译注

抗的征服浪潮过后,诗歌的传统才得以恢复。获胜
的伊斯兰教并非必须采取同样严厉的做法,自从帝
国巩固其统治以来,长期被怀念的慷慨挥霍便不再
有所妨害。

在能量使用中,促进积累的节俭与导致浪费的
挥霍之间的交替是一种常态。唯有相对节俭和杜
绝挥霍才能促使生物或社会这样的力量系统增长。
但是,至少在一段时间里,增长有其界限,因而必须
挥霍无法被积累的过剩。伊斯兰教从一开始就致
力于一种表面上无限制的权力增长,这使其在这些
运动中具有独立的地位。这完全不是系统性的目
标或计划,而是机遇本身实现一切可能。况且,最
小的必要性就能带来机遇。通过激发热情而将人
们聚集起来是相对容易的。但必须让他们有事可
做。聚集和激励,这首先意味着释放出未经使用的
力量:只有人们一占有它便加以利用,这种力量才
能保持动力并突飞猛进。从一开始,伊斯兰教就幸
运地必须与其诞生的世界相对立。穆罕默德的教
诲使他与被他亵渎传统的部落对立起来。这个部
落威胁要驱逐他,这就等同于死亡。因此,他必然
否认与部落的联系,但没有关联的存在当时是不可
想象的,于是他必须在自己与信徒之间建立另一种
性质的联系。这就是伊斯兰教历纪元的意义,它

理所当然地拉开了穆斯林时代的序幕。穆罕默德从麦加向麦地那的迁徙导致血缘关系的断绝和一个新群体的建立,这个新群体建立在兄弟友情的基础上并向采纳其宗教形式的人开放。基督教起源于一位救世之神的诞生,伊斯兰教则来自一个新群体的诞生,来自一个新型的国家,其基础既不是血缘也不是领地。伊斯兰教与基督教、佛教不同,这在于伊斯兰教历纪元之后,伊斯兰教不再是在已经形成的社会(以血缘和领地为基础的群体)中传播的教义:它建立了一个立足于新的教义的社会。

这个原则在某种意义上是完美的。不需要含混和妥协:宗教领袖同时也是立法者、法官和军队首领。我们无法想象比这更为严格统一的社会。意志是社会关系的唯一根源(但它不能中断这一关系),这不仅有利于保证道德上的深刻统一,也有利于伊斯兰教进行无限扩张。

这是一台令人惊叹的机器。军事秩序取代了部落竞争的无政府状态,个人资源不再被无端浪费,而是服务于武装团队。以往对立于增长的困难(部落的限制)一旦被消除,个体力量便为了军事战争而被储存起来。最终,在《圣训》中被系统性视为扩张手段的征服,在没有巨大毁坏的情况下,向一个越来越庞大并发展越来越快的封闭力量系统中注入新的资源。这一运动使我们想到通过资本主义积累的工业发展：如果浪费得到抑制，且发展不再有明确限制，能量的汇集便促进增长，而增长则使积累越来越多。

然而，这种罕见的完美并非没有对立面。如果把穆斯林的征服与基督教或佛教的发展相比，我们很快便会发现伊斯兰教的相对衰弱，因为力量的形成需要人们放弃其用途。工业发展要求限制消费：装备是首要的，即时的利益必须服从于它。伊斯兰教的原则本身包含着同等范畴的价值：在寻求更为强大的力量之时，生活失去一种支配的即时权力。伊斯兰教避免基督教和佛教群体的道德衰弱（沦为服务于毫无变化的政治体系），却由于宗教生活对军事需求的绝对服从而陷入更大的衰弱。虔诚的穆斯林不仅拒绝部落社会中的挥霍，而且通常反对一切力量耗费，除非这种力量成为攻击不信教的敌人的外部暴力。在伊斯兰教早期，建立一种宗教生活并在牺牲中达到顶点的内部暴力仅扮演次要角色。因为伊斯兰教首先不是消耗，而与资本主义一样，是可使用力量的积聚。本质上，伊斯兰教与任何戏剧化以及戏剧的任何僵化沉思无关。在伊斯兰教中，没有任何东西与耶稣在十字架上的死亡或佛的毁灭性陶醉相符。它就像对敌人发动暴力的军事统治者一样，将自身与遭受暴力的宗教统治者相对立。军事统治者从未被杀死，他甚至试图终结

牺牲。他在那里,正是为了将暴力引向外部,为了
使群体的强大力量免于内部消耗——毁坏。从一
开始,他便踏上以增长为目标的占有、征服和精打
细算的消耗之路。在某种意义上,伊斯兰教就整体
而言是宗教与军事形式的综合,但军事统治者可能
将完整的宗教形式置于其身边。伊斯兰教使宗教
形式服从于军事,它缩减牺牲,将宗教限于道德、布
施和遵守祷告中。

4. 晚期伊斯兰教或回归稳定

伊斯兰教的意义在创立与征服中被赋予,又在
建立的穆斯林帝国中失去。一旦伊斯兰教获得胜
利并不再将强大的力量严格用于增长,它便只是一
个僵硬的空壳。况且,外来事物只是在改变面貌后
才进入这个严酷的统一体。但如果我们将统一排
除在外,那么伊斯兰教中没有任何东西是在它之前
被赋予的。它继承了被征服国家的财富,并很快便
深受其影响。

同样奇怪的是,一旦征服稳固之后,以否定为
基础之一的阿拉伯文明的根基重新变得牢固,甚至
毫无改变。穆罕默德用《古兰经》的严苛反对部落
的穆鲁瓦,而后者中的某种东西却在保留了骑士精

神传统的阿拉伯世界继续存在,在那里,暴力与挥霍、爱情与诗歌结合在一起。此外,我们本身从伊斯兰教中所得到的与穆罕默德的贡献无关,却恰恰来自这种被谴责的精神。很奇怪,在我们的骑士"宗教"中存在一种阿拉伯的影响,与武功歌所揭示的骑士制度截然不同,这种骑士制度与穆斯林世界完全不相符。骑士的这个词在十字军东征时期获得了一种富有诗意、与激情的价值相连的新意义。在 12 世纪的西方,对武装仪式最平庸的阐释就是穆斯林。激情诗在法国南部的诞生表面上延续了传统,这一传统可以追溯到安达卢西亚部落中曾激起先知严厉反应的诗歌竞赛。①

---

① 关于安达卢西亚的影响问题,亨利·佩雷斯(Henri Pérès)在《伊斯兰教与西方》(*L'Islam et l'Occident*)杂志上发表了一篇名为"安达卢西亚的阿拉伯语诗歌及其与行吟诗歌的可能关系"(la Poédie arabe d'Andalousie et ses relations possibles avec la Poésie des Troubadours,第 107—130 页)的重要文章。在作者看来,我们不能绝对化地看待这一问题,但存在的联系是显而易见的。联系不仅在于诗歌的内容和基本主题,还涉及诗歌的形式。安达卢西亚阿拉伯语诗歌的伟大时代(11 世纪)与奥克语骑士诗的诞生(11 世纪末)之间的巧合令人吃惊。另一方面,西班牙的穆斯林世界与西班牙北部或法国的基督教世界之间存在的联系得以确立。

第四章　历史资料（三）：工业社会

一、资本主义的起源与变革

1. 新教伦理与资本主义精神

马克斯·韦伯已经通过分析和统计指出,新教徒在资本主义组织中具有至关重要的作用。[①] 我们甚至今天还能在某个地区看到新教徒选择经商,而天主教徒则更乐意选择从事自由职业。在拼命工作、精于计算利润的工业者的精神状态与新教平凡的严肃之间,似乎存在某种亲缘关系。这一方面,

---

① 马克斯·韦伯的著名研究《新教伦理与资本主义精神》(*Die protestantische Ethik un der Geist des Kapitalismus*)首先发表于《社会科学与社会政策档案》(*Archiv für Sozialwiessenschaft und Sozialolitik*),第二十和二十一卷,1904—1905 年,并形成《宗教社会学》(*Religionssoziologie*)的第一部(图宾根,1921 年,卷三)。

发挥最大作用的并非路德的教义。但加尔文主义的影响范围（荷兰、大不列颠、美国）在总体上与工业发展良好的地区一致。路德发起了一次单纯的、半农民式的反抗。加尔文则表达了商业城市里中产阶级的愿望：他身上具有一个熟悉商业的法学家的反应。

　　韦伯的观点很快便闻名于世，并招致大量批评。托尼（R. H. Tawney）[1]认为韦伯的观点夸大了加尔文主义与其同时代各种经济学说之间的对立：它们忽视了从最初教义到后期理论的变化。在托尼看来，直到 17 世纪下半叶，清教徒与资本主义之间仍未达成一致。况且，与其说这是经济条件形成的原因，不如说是其引发的结果。不过，正如托尼愿意承认的那样，这些保留意见并不一定与韦伯的思想相悖。在这一点上，相比根本反应的事实，托尼更关注经济方面提出的学说，这难免偏狭隘。

　　无论如何，韦伯对宗教危机与促进现代世界诞生的经济翻转之间的联系进行了严密分析，这是值得赞赏的。包括恩格斯[2]在内的其他一些人在他之

---

[1]　托尼，《宗教与资本主义的兴起》（*Religion and the Rise of Capitalism*），第二版，纽约，1947 年。

[2]　同上，第 xxvii 页。

前已经预见到这些关联,但并未明确其本质。尽管后来书的内容有所调整——在托尼的著作中同样如此——但韦伯强调的仍然是主要方面,人们在他之后得出的更确切的结果或许只能具有次要意义。

2. 中世纪理论与实践中的经济

在两个不同的宗教世界中形成了彼此对立的经济类型:前资本主义经济与罗马天主教之间的联系不亚于现代经济与新教之间的关联。但韦伯强调这一事实:现代经济在本质上是资本主义工业,天主教会及其保持的精神状态并未给它提供发展便利;而相反,在新教世界中,加尔文主义却提供了一个有利的起点。此外,如果从一开始我们就沿着更贴近韦伯而非托尼的道路,强调可用资源的使用方式问题,那么便更易于表明两大经济领域之间的对立。中世纪经济与资本主义经济的区别在于,很大程度上,前者是静止的,它将过剩财富用于非生产性消耗,而后者则致力于积累并确定生产机制的积极增长。

托尼对中世纪基督教的经济观念进行了深入分析。其中的主要内容遵循生产活动从属于基督教伦理这一原则。在中世纪思想中,社会与所有生命体一样,也是由不同质的部分,即不同等级的功能组合而成的整体:教士、军事贵族和劳动者组成统一体,而最后一部分的构成者服从于前两部分(正如躯干和四肢服从于大脑)。生产者必须满足贵族和教士的需要;作为交换,他们从贵族那里获得庇护,而从教士那里,他们得以参与神圣生活,并获得严格约束其活动的道德准则。从教士和贵族的服务中产生的经济社会,如同自然界的一部分,也具有自治性和自身的法则,这一观点与中世纪思想不相符。销售商需以合理的价格出售商品。合理的价格意味着能够保证供应商的生存。(这在某种意义上正是马克思主义的劳动价值论,而托尼将马克思视为"最后一位经院学者"。)借出的钱不可要求支付利息,教会法严厉禁止高利贷。以某一事业为目的的借贷赋予债权人心理上的获利权,用于借款人消费的借贷则不具有可正当解释的利益,学者们很迟才谨慎地保留了这两者之间的区别。富人拥有财富储备,如果穷人缺衣少食,富人在不使自己拮据的前提下阻止他们被饿死,富人能够要求超额偿还自己预支的钱财吗?这将是偿还时间,与空间相反,人们认为时间属于上帝而不属于人。然而,时间是在自然中被给予的:如果在某个地方,金钱被用于投资营利性活动,那么自然法则便将利益(可能产生利润的一部分)的额外价值赋予"金钱+时间"这两个要素。因此,道德观念是对自然法则的否定:教会的介入阻碍了生产力的自由发展。根据基督教伦理,生产是一种宗教仪式,其形态(义务、责任和特权)由目的(归根结底,由判定目的的教士)而非自然运动决定。这是经济范畴内一种理性、道德——却是静止的——观念:它相当于由力量运动决定的发展观中一种神性的、目的论的宇宙进化论。因为,中世纪的世界似乎被一劳永逸地给定。

然而,并非仅有明确的判断。在神学家和法学家的著作中,中世纪经济的本质有可能没有被完全揭示。在远离严密理论的现实实践中,它也可能没有被确定。一个区别性因素可能在于社会赋予财富的意义。这一意义不同于其拥有者通常表达的空想,或许也只能徒劳地在事实与理论规则的对立中寻找它。它近似于强大而明显的运动,这些运动即便没有被明确提出,也能够决定一个经济系统的本质。

根据我们期待从财富的拥有中得到的利益,财富的意义将有所变化。对约翰来说是缔结婚姻的可能性,对罗贝尔而言是游手好闲,而在埃德蒙眼中则意味着社会地位的改变。然而,在某个既定时

刻,总是存在恒量。在资本主义时代,占据上风的
利益是投资的可能性。这不是一个特殊观点:约
翰、罗贝尔和埃德蒙出于不同的意图将他们的积蓄
用来投资,而约翰和购买土地的杰克的意图一致。
但可利用资源中很重要的一部分被保留给生产力
的增长。这并不是任何个体的最终目标,而是处于
某个既定时代的社会的集体选择。社会将可使用
的财富用于企业扩张和设备更新,换句话说,相比
财富的直接利用,它更倾向于财富的增长。

　　然而在宗教改革运动之前,情况还并非如此。
增长的可能性没有出现。未开发土地的开放、技术
变革以及引发新需求的新产品的出现,这些因素呼
唤着发展。但一个社会同样也可能被引向消费其
所有产品。从那时起,它就必须以某种方式将其拥
有的过剩资源摧毁。闲散是最简单的方式。无所
事事的人像火一样彻底摧毁其赖以生存的产品。
但建造金字塔的工人同样白白地摧毁这些产品:从
利润的角度来看,金字塔是一座错误的建筑物,就
像人们挖一个巨大的洞,接着再将其填平并夯实土
地。某些食物的消费不能让我们更好地工作,甚至
在某个时间里会消除我们的生产力,例如酒,如果
摄取这样的食物,我们就会得到同样的结果。相比
生产性活动、车间或面包,闲散、金字塔或酒精的优

势在于毫无回报地——毫无利润地——消耗它们使用的资源，只不过，它们令我们愉悦，满足我们就其做出的并非必需的选择。在一个生产力不增长或增长缓慢的社会中，这种愉悦在其集体形式下决定财富的价值，并由此决定经济的本质。相比原则以及生产严格遵循的伦理规则(但有时完全以外在的方式)，这种决定着产品(至少是在生存必需品之外的可使用之物)用途的愉悦更具有意义。定义经济社会的不是学者们的理论，而是社会出于愉悦而产生的对教堂、修道院、教士和闲散的教徒的需要。换句话说，令上帝愉悦的(在中世纪社会，愉悦在名义上不能是人的愉悦)善行的可能性普遍决定着可用资源的消耗方式。

宗教对经济的决定作用并不令人惊奇，它甚至表明宗教的特征。宗教是社会赋予过剩财富的使用的一种愉悦，至少是对其有用价值的使用甚至摧毁。这使宗教具有其物质丰富的面貌，只有当贫乏的精神生活从劳动中抽回本可以用于生产的时间时，这种物质丰富性才不再明显。唯一一点是用途的缺失，是这些集体决定的无偿性。当人们将这些无偿活动归于某些超自然功效的结果时，它们确实在某种意义上有用。但只有当它们是无偿的并首先是对财富的无用耗费时，这些集体决定才在这方面是有用的。

宗教活动——献祭、节日、奢华的布置——吸收社会的过剩能量，但对于那些以中断一系列有效行动为首要意义的活动，人们通常赋予其次要功效。由此，巨大的不安——一种错误、受骗的感受——充斥于宗教领域。目标在于诸如土地的肥沃这类粗俗结果的牺牲，被感知为宗教所倡导的、与神性和神圣相称的一种平凡。基督教中的救赎原则上将宗教生活的目的从生产性活动领域解放出来。但如果说信徒的救赎是对其功德的奖赏，并且他能通过自己的善行获得它，那么他只是在宗教领域更加深刻地引入这种关联，后者使有益的劳动在他眼中变得可悲。因此，基督教徒为力图自我救赎而做出的善行同样可能被视为一种亵渎。甚至，选择救赎作为目的这一简单事实似乎就与上帝恩泽的真理相悖。唯有恩泽与神性达成一致，后者才不会像物那样屈从于因果关联。神性以自身对虔诚灵魂的馈赠是无法被任何东西所回报的。

3. 路德的伦理立场

中世纪的慈善行为、宗教团体和托钵僧、庆典和朝圣,或许并没有因其泛滥而激怒路德:路德首先摒弃的是通过这些手段获取功德的观点。[1] 他谴责耗费巨大的经济制度,因为福音书的敌对原则在财富和奢侈之间存在矛盾。但相比奢侈本身,路德更加质疑的是通过大量花费个人财富而进入天国的可能性。他似乎将其思考集中于一点,即一个不存在妥协、完全与现实世界的因果联系无关的神性世界。通过购买赎罪券,罗马教廷的信徒甚至可以将其资源用于购买天国的时间(事实上,这些资源助长了教士的奢侈和闲散)。路德的观点彻底与此对立,他认为再也没有任何手段能够剥夺财富的用途并将其归还给上帝荣耀的世界(否则就是罪孽)。路德的弟子在人世间所施行的一切都是徒劳或应受到谴责的,而罗马教廷的教徒却被诱使将教会变为上帝在人世间的荣光。然而,罗马教廷令神性的光辉在这个世界的种种行为中闪耀,却将它归结为一些可悲的措施。在路德眼中,唯一的办法在于将上帝与不属于信仰的深刻内在生活的一切、与我们能做并能实现的一切彻底分离。

因此,在生产价值之外,财富被剥夺了意义。静修的闲散、对穷人的施舍、庆典和教会的光辉都

---

[1]　托尼,《宗教与资本主义的兴起》,第99页。

不再具有任何价值，或被视为魔鬼的征兆。路德的教义是对资源巨大耗费体系的彻底否定。一支庞大的世俗和修会的教士队伍消耗着欧洲的过剩财富，并引发贵族和商人的竞相挥霍。正是这一丑闻激怒了路德，但他只能用对世界更彻底的否定与之对抗。教会将巨大的浪费变成向人们打开天国之门的手段，这导致一种痛苦的感受：教会没能成功地使人间成为天国，却将天国变得平凡。与此同时，它还拒绝了一切的可能性。但它将经济维持在相对的稳定中。奇怪的是，在一个中世纪城市为其创造的世界所留下的形象中，罗马教廷成功地象征着一种财富直接利用的结果。这发生在错综复杂的矛盾之中，但我们仍然看到了光明：在随后出现的那个纯粹用途的世界里，财富失去其直接价值并主要意味着生产力增长的可能性，透过这一世界，光明依旧在我们眼前闪耀。

4. 加尔文主义

　　路德的反应是严格意义上的否定。对他来说，无论人多么无力于在其世俗活动中回应上帝，人类活动都应屈从于道德法则。路德保持着教会对高利贷的传统诅咒,对于买卖通常只表现出古老经济观念所固有的憎恶。但加尔文摒弃了对有息借贷原则上的谴责,并基本上承认贸易的道德性。他说:"为什么经商不能比拥有一份地产带来更多的收益呢?如果不是源于自身的勤奋和他的行业,那么商人的利润来自何处?"①出于这个原因,韦伯认为加尔文主义在资本主义精神的形成中具有决定性价值。这从一开始便是日内瓦或荷兰商业资产阶级的信仰。加尔文认识到经济发展的条件与重要性,他作为法学家和实践者发表自己的观点。在韦伯之后,托尼强调其思想的传播对资产阶级世界的意义,而他的思想就是对资产阶级世界的表达。在托尼看来②,他之于他那个时代的资产阶级,就等同于马克思之于今天的无产阶级:他为资产阶级带来了组织和学说。

从根本上看,加尔文和路德的观点具有相同的意义。与路德一样,加尔文也反对功德与善行,但其原则的表述方式略有差异,因而也更具影响。在他看来,最终目的不是个人救赎,而在于对上帝的歌颂,后者不能仅在祈祷中寻求,而应通过行动,即

① 托尼,《宗教与资本主义的兴起》,第105页。
② 同上,第112页。

通过斗争和劳动实现世界的神性化。因为尽管加尔文谴责一切个人功德,他却是明确的实践主义者。善行不是获得救赎的手段,但它是不可或缺的,是真正实现救赎的证明。[①] 在失去被教会赋予的价值后,善行在某种意义上被重新引入,却是不同的行为。与路德的教义一样,加尔文也否定白白耗费财富的做法,因为价值与静修的闲散、炫耀性的奢侈以及维持非生产性贫穷的慈善行为分离,并被赋予用途所建立的道德中:新教教徒应谦逊、节俭和勤劳(他应该以最大的虔诚投身于他的商业和工业活动中……);他甚至还应抑制乞讨,因为这违背了以生产性活动为规范的原则[②]。

　　在某种意义上,加尔文主义将路德所施行的价值颠覆推向极端的结果。加尔文没有局限于否定教会宣称的这些神性美的人间形式。通过将人类的可能性限制在有用行为中,他所给予人类歌颂上

[①]　托尼,《宗教与资本主义的兴起》,第 109 页。

[②]　托尼关于限制乞讨和流浪的论述(参见第 265 页)十分令人惊讶。人们很难更好地觉察到意识形态上的经济利益行为。社会坚决消除非生产性贫穷,它的粗暴导致最为严酷的专制伦理形式。直到贝克莱(Berkeley)主教提出"扣留顽固不化的乞丐并使其在数年中成为奴隶与公共财产"的观点(同上,第 270 页)。

帝的方法正是对人类自身荣耀的否定。加尔文主
义行动的真正神圣在于对神圣的抛弃——在于放
弃可能在这世间得到荣耀之光的一切生活。上帝
的神圣化因而与人类生活的非神圣化联系在一起。
这是明智的解决方法,因为行动的虚荣一旦被确
定,拥有权力——或者更确切地说是拥有行动的必
要性——的人将继续存在。对他而言,仅说行动徒
劳无益是不够的。专注于职业和社会复杂性对个
体所规定的任务,这并非十分新颖,但直到那时,这
种关注还不具备加尔文主义所赋予的深刻意义和
明确价值。决定将神圣荣耀与教会将其置于其中
的妥协相分离,这无法得到比人对非荣耀性活动的
认可更彻底的结果。

5. 宗教改革运动的远期影响: 生产世界的自治性

如果在韦伯之后考察这种对于资本主义精神
的立场,人们想象不出任何更有利于工业发展的东
西。一方面闲散和奢侈受到谴责,另一方面企业的
价值得到肯定。对宇宙这一无限财富的直接利用
被严格保留给上帝,人类则完全献身于劳动,献身

于将财富——时间、生计和各种资源——用于生产
装备的发展。

然而，托尼强调资本主义还需要一个因素，就
是非个体经济力量的自由发展，就是经济自然运动
的解放，而经济的普遍发展取决于个人对利润的追
求。资本主义并非只是为了商业、金融和工业企业
的发展而进行的财富积累，同时也是普遍的个人主
义和企业的自由。资本主义本不可能与陈旧的经
济法规共存，后者的伦理原则在于企业从属于社
会，而社会则强制性地进行价格控制，反对操纵，并
大大缩减有息借贷行为。托尼[①]发现在加尔文主义
盛行的地区，例如在加尔文和泰奥多尔·德·贝兹
（Théodore de Bèze）影响下的日内瓦以及在约翰·
诺克斯（John Knox）影响下的苏格兰，它倾向于集
体专制。但如果加尔文主义只是"在敌对政府的怀
疑目光下为防御而生存的少数派"，它便滑向极端
个人主义。事实上，只有在 17 世纪下半叶的英国，
清教徒们将自由追求利润的原则与加尔文主义的
传统联系在一起。直至那时，人们才提出经济法的
独立性，并放弃生产领域中宗教世界的伦理统治
权。但这较晚出现的演变的重要性有可能被夸大

---

① 托尼，《宗教与资本主义的兴起》，第 113 页。

了。它被置于首要位置,因此它必须解决一个根本困难。从经济学观点来看,在宗教改革运动中起决定性作用的因素触及的不仅是对原则的陈述,而更是精神倾向,这一倾向唯有在首先被掩盖的条件下才能有效地产生。只有当拥有无可非议的伦理权之人以超越平凡利益的诉求之名进行变革时,改变才具有意义。必须要做的并非给予商人的自然冲动以充分自由,而是将其与某种占主导地位的伦理立场联系起来。首先在于摧毁建立起中世纪经济的权威。这原本无法通过直接陈述资本主义利益的原则而完成。资本主义具有难以为之辩护的先验性,这解释了宗教改革运动主张的结果姗姗来迟的原因。值得注意的是,资本主义的精神与伦理几乎从来没有以纯粹的方式被表达。正如韦伯就美国人本杰明·富兰克林(Benjamin Franklin)在 18世纪中叶提出的原则进行评论一样,我们可以特别指出,那些原则以一种近乎古典的纯粹性表达出资本主义的精神。但我引用它们,只是表明不能直截了当地对其放任自流,而首先必须赋予它们一种无法达到的神性的面具。

富兰克林写道:"请记住,时间就是金钱。一个可以在一天内赚取 10 先令并用半天时间在房间里散步或无所事事的人,如果他只花 6 便士用于娱乐的话,那么还必须算上他花费的或更准确地说是浪费的 5 先令。请记住,金钱具有生殖能力和增值功能。钱可以生钱,生出的钱又能再生钱,以此类推。5 先令变为 6 先令,再变为 7 先令 3 便士,并以此类推直至变成 1 英镑。钱越多,产生的收益就越多,利润也因而增长得越快。杀死一头母猪就等于摧毁其成百上千的后代。挥霍一枚 5 先令的硬币则意味着毁掉所有它本可以创造的财富:大量的英镑。"

没有什么更恬不知耻地与宗教牺牲精神相悖,在宗教改革运动之前,这一精神始终认为所有自由选择其生活的人都可以进行大量的非生产性耗费,也可以无所事事。当然,富兰克林的原则继续——却很少被提出——引导经济发展(他或许将其引向死胡同)。但在路德的时代,人们不可能陈述他的原则并公然将之与教会的原则对立。

从路德愤慨的罗马之行到富兰克林痛苦的敞露,精神运动透过迂回曲折的教义缓慢发展。如果现在来考察这一运动,我们就必须明确一个首要方向。我们从中产生的印象不在于一种决定性的明确运动,并且,如果在这个方向上存在某种稳定性,那么它似乎是在生产力的需求下从外部被赋予的。精神在摸索中力图满足这一需求,甚至犹豫也有助于此，但唯有客观需求导致在目标上有所踌躇的行动。这与马克斯·韦伯的观点稍许相悖，韦伯或许被错误地认为将决定权重新交予宗教。但正如他所看到的，宗教改革运动这场革命必然具有深远的意义：转向新的经济形式。如果回到那些伟大的宗教改革家的看法，我们甚至可以说，通过赋予一种宗教纯粹性的需要以极端结果，他们的主张摧毁了神圣世界和非生产性耗费的世界，并将土地交给致力于生产的人，交给有产者。这丝毫没有抹去那些结果的首要意义：在宗教领域，它们具有极端性的价值(已经是一种不可能的极端)。在经济范畴中，它们仅代表一个开端。然而不可否认的是，它们引发了以经济人类为完成标志的资产阶级的诞生。

二、资产阶级世界

1. 在行动中寻找内在性的根本矛盾

在建立于商品(物)至上及自治性基础之上的工业社会初期,我们发现一种相反的意愿,即把重要部分——那些在颤抖中令人恐惧与快乐的东西——置于生产活动世界与物的世界之外。无论人们以何种方式来教授它,这都无法背离资本主义社会通常将人缩减为物(商品)的事实。宗教和经济以同一种运动从使其负债累累的东西中摆脱出来,前者从世俗的算计中,后者从外部的既定限制中。但这一根本性对立(这种出乎意料的矛盾)并非仅具有人们最初所能赋予它的表面意义。加尔文主义最大胆地解决的问题没有局限于一点,即针对宗教事实的历史研究始终阐明的意义。因为这个问题依旧困扰着我们。宗教通常满足了人类始终抱有的愿望:找寻自我,收复永远离奇失落的内在性。然而,一切宗教的谬误都在于仅仅给予人类一个矛盾的回答:内在性的一种外部形式。因此,陆续出现的解决方案只能使问题更加深化:内在性从来没有真正从外部因素中脱离,没有外部因素它便无法被表明。我们以为自己获得了格拉尔圣杯,实际上却只得到了物,留在我们手中的不过是一只小锅……

无论就目标而言,还是就新发现之后的失望而言,人类目前的研究与加拉德(Galaad)或加尔文相比并无差异。但现代世界采取另一种方式:它并不寻求任何虚幻的东西,而是希望通过直接解决物所提出的问题来确保基本的征服。这也许完全正确:彻底的分离往往是必要的。如果我们寻求利益,这一追寻始终令我们投身于活动中,而活动只能产生物,于是我们便只能试图寻找物。新教对罗马教会的批判(实际上是对通过各种行为寻求生产活动的批判)并不源于某种奇怪的顾虑;其最终(间接的)结果促使人类只做物的范畴中的可做之事,而不追求更远的目标,这个结果正是唯一正确的解决方法。如果人最终必须重新找回自我,那么他沿着使其远离自己的道路前行,只能徒劳地寻找自身。他沿着这些道路前行所能期待的一切,就是根据用途来安排这些仅仅为他服务的物。

因此,有理由认为人无法在解决经济问题之前找到其真理。但人可以声称并相信这一必要条件是足够的,确信一旦满足了物的需求便能获得自由,这些需求在物质安排中不可或缺,而没有物质的安排,他的需要便无法得到满足。

然而,困难将使人停下脚步。他只有在那些更应被批判的道路上才能更好地抓住自己被迫放弃的东西,他将得到的与前人在找寻中获得的没有任何区别。自始至终,他只能抓住一些物,并将物这一阴影误认为是捕获的猎物。

我坚持认为,解决物质问题就足够这一观点首先是最可接受的。[①] 但解决生命问题的关键在于人不能仅成为物,而应无限至上地存在。尽管问题的解决是满足物质需求的回答的必然结果,但它始终根本地区别于这个时而会与之混淆的回答。

出于这个原因,我可以说,以资本主义为结果的加尔文主义宣告一个根本问题:既然追寻令人以某种方式投身于行动,而行动恰恰是对自身的远离,那么人如何才能找到自我——或者说重新找回自我?

在近代,针对一个令人困惑的问题存在不同立

---

① 这至少是唯一使我们得以发掘全部可能性的观点。

场,这有助于我们意识到当前与历史中发挥作用的因素及其向我们提出的完成结果。

2. 宗教改革运动与马克思主义的相似性

考虑到改革者们采取的措施及其结果,是否可以矛盾地得出结论:"他们的措施终结了世界的相对稳定与平衡,在那个世界中,人不像我们今天这样远离自身"? 因为很容易让我们自己感到惊讶,我们寻找人类的真实形象,逃离这些以其面貌表现工业社会本质的空地、郊区和工厂,并走向某个死气沉沉的、哥特式钟楼林立的城市。我们不能否认,现在的人类已经遗忘了那个保留至今的秘密,即赋予自己一张面孔并能在其中认出属于自己的荣耀。中世纪的"成果"在某种意义上也许只是物:对于那些以后在其无法达到的纯粹中想象他认为上帝所拥有的财富的人,这些"成果"理所当然显得很可悲。但今天,社会的中世纪形象①有能力展现

---

① 这里的中世纪形象只是宗教改革运动及其经济影响将我们与之分离的最接近的形式。但在我们眼中,古代形象、东方形象或野蛮形象几乎具有相同的或更加纯粹的意义。

"失去的内在性"。

一座教堂或许就是一个物：它与确实是物的粮仓差别不大。物是那些我们从外部认识的东西，被作为物质现实赋予我们（在适用范围内，毫无保留地可供使用）。我们无法深入了解物，除了适用或不适用于某种生产性用途的物质属性之外，它别无其他意义。但教堂表达并面向一种内在感受。它或许是建筑物这个物，但粮仓那个真正的物适用于存放收获的粮食：它被归结为人们赋予它的物质属性，人们测算获得预期利益的费用，以使它服从于这一物质用途。相反，教堂中内在性的表达与劳动的白白耗费相符：从一开始，建筑的用途就将劳动从物质效用中抽离，并且这个最初的行动在大量无用的装饰中显露出来。因为教堂不是对可用劳动的有益使用，而是对它的消耗，是对其效用的摧毁。内在性只有在一种经由物所实现的条件下才得以表达。这种物在本质上与物相反，与产品和商品相反①：消耗与牺牲。既然内在感受是一种消耗，那么它便由消耗而非由物来表达，物是对内在感受的否定。资本主义有产阶级把教堂的建造降至次要位

———————

① 需要补充一点：或者与可供生产者和商人无限使用的物质相反。

置，他们更乐意建造工厂。然而，教堂在整个中世纪体系中占据主导地位。人们四处建造教堂的钟楼，在那里，人类为了共同行动而被组织在一起。因此，显而易见，最卑微的行为具有一个从其确切利益中凸显出的更为崇高的目标，这个目标就是上帝的荣耀。但某种意义上，在人类感知的深不可测所导致的焦虑中，上帝难道不是人的一种远离的表现形式吗？

既然如此，对过去世界的怀念同样建立在一种短暂的判断上。我可以对那个动物的模糊内在性与世界的巨大变化相差无几的时代感到惋惜，这一惋惜表明一种事实上已经失去的权力，但它不知道于我而言更为重要的东西。尽管人类在抛弃动物性的同时也失去了世界，但人依然成为这种对失去世界的意识，我们就是这种意识，它在某种意义上更甚于动物没有意识到的拥有。简而言之，他是人，对我而言这是唯一重要的，而动物不能成为人。同样，对中世纪的浪漫主义怀念实际上只是一种抛弃。它的意义在于对相悖于财富的非生产性使用的工业发展提出抗议。它符合资本主义利益（现代社会被归结为这一利益）与大教堂被赋予的价值的对立。这种惋惜之情尤其源于反动的浪漫主义，后者将现代世界视为人与其内在真实性之间的显著分离。这种怀念拒绝在工业发展的基础上看到质疑与改变的精神，看到在所有方面穷尽世界一切可能的必要性。我们或许可以说，新教对神圣著作的批判将世界交给了世俗著述，而纯粹神性的要求只能是对神性的放逐，只能导致人与神的分离。最后我们可以说，从那时起，当人为了生产性机构而生存并越来越远离当下时，物已经主宰了人。但物的统治从来不是完全的，在深层的意义上，它不过是一出喜剧：它从来只是一半的滥用，而在有利的黑暗中，一个新的真理正在转向暴风骤雨。

新教认为不可企及的神性无法被归结为陷入行动中的精神，这一立场在我们看来已不再具有重要意义。我们甚至可以说它缺席于这个世界（目前新教的做法已变得异于这种执拗的要求，它更加人性化），就像这个立场本身应该与它所确定的神性相似。但这种缺席也许具有欺骗性，如同那些无处不在却没有被任何人觉察的背叛者的缺席。在某种有限意义上，宗教改革运动的根本性原则不再发挥作用，但它在意识的严格、天真的缺失和现代世界的成熟中依然存在。加尔文对完整性的微妙要求、理性的巨大压力（理性难以满足，也从不满足于自身）以及思想极端而反叛的特性，在众人的麻木中成为一个悲怆的黑夜。大众任由自己陷入生产的倦怠中,经历着物的机械存在——既可笑又令人厌恶。但有意识的思想在同样的运动中达到最高程度的觉醒。一方面,它在技术活动的延续中展开研究,以获得对物越来越清晰、越来越明确的认识。科学本身将意识局限于客体,它不会导向自我意识(只有通过将主体视为客体、视为物,它才能认识主体);但通过使人习惯于精确并令人失望,它却有助于觉醒,因为它接受自身的局限性,并承认自己无力达到自我意识。另一方面,在工业发展中,思想丝毫没有放弃人类的根本愿望,即超越其无法避免的有用行动以找回自我(拥有至高无上的存在)。只是,这个愿望变得更加迫切。新教将人与其真理的相遇交给另一个世界。马克思主义继承了新教的严格,将一种清晰的形式赋予混乱的朦胧愿望,它比加尔文主义更加排斥人在行动中直接寻找自我的倾向,并坚决拒绝愚蠢的情感行为①。马克思认为行动应专属于物质安排的变化,明确提出物(经济)相对于其他事物(宗教的,或普遍来说情感的)的根本独立性,而加尔文主义仅仅粗略论及这

---

① 我要更确切地说,即由情感驱动的审美行为,它追求一种情感上的满足,总之希望做那些无法被做,而只能被感受、被接受的事——就像在加尔文的观点中恩泽被接受一样。

一点。同时，他强调相对于行动，人回归自我（回归深刻和存在的内在性）的运动具有独立性。这一运动只有在实现自由后才能发生，它只有当行动结束时才能开始。

马克思主义的这一确切方面通常被忽略：人们认为马克思主义中存在我在上文中提及的混淆。对马克思来说，"解决物质问题便足够"，但对于人而言，"不能仅仅像物一样存在，而应无限至上地存在"这一事实原则上被视为"他不可避免的结果"，不同于"一个满足物质需求的回答"。在我简要论述的这个方面，马克思的独创性在于，他希望通过消除物质障碍，仅以否定方式达到一个伦理结果。这使得人们认为他特别关注物质财富：在具有挑战性的直截了当中，人们难以意识到彻底的谨慎以及对那些将人类之真从属于隐秘目的的宗教形式的厌恶。马克思主义的根本主张是彻底将物（经济）的世界从一切外在于物（经济）的因素中解放出来。正是通过彻底穷尽物所蕴含的可能性（毫无保留地服从物的要求，用"物的统治"取代个人利益的统治，使将人归结为物的运动达到其最终结果），马克思坚决主张将物归于人，将人归于自我支配的自由。

在这一观点上，被行动所解放的人坚决实现自身与物的完美一致,他将以某种方式在其身后拥有物:物将不再控制人。历史将开启新的篇章,人终于可以自由地回到其自身的内在真理,随心所欲地支配那个未来的自己,那个他今日因为被奴役而无法成为的自己。

但同样出于这样的立场(就内在性而言,它倾向于回避,并没有提供任何建议),马克思主义与其说是对加尔文主义粗略主张的实现,不如说是对资本主义的批判。它谴责资本主义没有严格地解放物,除偶然性和个人利益之外没有任何其他的目标与法则。

3. 现代工业世界或资产阶级世界

在某种意义上,资本主义毫无保留地投身于物,却没有考虑结果,也完全没有看到更多。对一般的资本主义而言,物(产品与生产)并不像对于清教徒那样,是其自身成为并想要成为的东西:如果说物占有人,并且人本身就是物,那么就如同撒旦占据被附身者的灵魂而后者并不知情,或者就像被附身者在不知晓的情况下成为撒旦本身。

对自我的否定,在加尔文主义中意味着对上帝的肯定,几乎是难以企及的理想。它可能源自某些被谴责的重要人物,他们能够强加自身与之同化的价值,但每次例外都会产生作用。相反地,被赋予物和生产的自由则是普遍的可能性。丝毫不需要保持最纯粹的——也是最贫穷的——精神性,起初唯有它严格平衡所有躯体和行动对于物的屈从。然而,奴役的原则一旦被给予,物的世界(现代工业世界)便可自行发展而无须更多地考虑缺席的上帝。对那些总是迅速抓住真实的物体并任由内在性逃离清醒意识之外的人来说,利益是很明确的。此外,物的统治地位也由对奴役的自然倾向所支撑。在同样的运动中,它符合这种纯粹权力的意志(增长的意愿,除增长之外没有任何其他目的),这一意志表面上与奴役精神背道而驰,但实际上只是其补充。在对它没有使用的某种权力的义务中——增长中资源吸收的完美形式——存在着唯一真实的消除和对生活最平稳的放弃。但这一态度常常难以与纯粹加尔文派的立场区分开来,尽管它们彼此对立。

至少,加尔文派处在觉醒和压力的顶点。工业增长中的人——仅以增长为目的——反而是沉睡的表现。他没有感觉到周围的任何压力,也没有欲望安排一个与之相称的世界。以现代工业为其行动结果的人对此毫无想法,甚至不知道这样一个世界是不可能存在的。对于那种作用于他们却无法将世界归结于其法则的运动的无力,他们完全无所谓。甚至,他们把与之相悖的各种运动的继续存在所维持的出路用于企业发展。在资本主义世界,没有任何原则上的偏好针对生产资料的生产(这一偏好将只出现在共产主义的积累中)。资产阶级没有意识到增长至上与其反面,与所有形式的非生产性耗费、制度以及耗费的创造性价值之间的对立:这种对立仅仅触及(事实上也仅限于此)耗费的量。有产阶级的资本主义软弱无力且不合逻辑地反对奢侈。事实上,它的吝啬与它的行为减少了奢侈,但如果除去没有算计的结果,它从未停止放任自流。

于是,资产阶级创造了混淆的世界。它最重要的部分是物,但人的缩减不再与他在上帝面前的消除联系在一起,没有进入增长的沉睡中的一切都痛苦地目睹对彼世的追寻被放弃。然而,道路并没有被封闭。恰恰因为物通常占据上风并支配民众的行动,所有被终止的梦想仍然可以自由运用:生命(生命的总体运动)或许与之分离,但对于不知所措的人来说它们仍是一种安慰。一场混乱开始了,在最相悖的意义上,一切都变得同样可能。社会的统一由无争议的重要性和主导性活动的成功所维系。在这种含混不清中,过去的那些诱惑轻易地在衰退后幸存。现实因其公开成为人的限制而变得更加可憎,在这样的世界中,它们所带来的矛盾不再被感知。浪漫主义的反抗本身是自由的。但在全部意义上,这一自由都意味着进入统一体中(在无区别的芸芸众生中)的人接受其仅作为一种物的存在。

4. 物质困难的解决与马克思的激进主义

当人类是资产阶级的共谋(总之大体上)时,他隐晦地赞同虽身为人却仅作为物而存在。尽管如此,正是在这混杂的大众之中,在与混乱的紧密联系中,就像植物与大地相连一样,严格精神迅速繁殖,其本质是希望通过物的完成之路——物(生产)与人的一致——人得以进入或返回自身。而当严格以纯科学与技术的发展为目标时,资产阶级世界便对其放任自流。

在狭义上的经济活动范围内,严格具有一个明确目标:将过剩的资源用于解决生活的物质困难并减少工作时间。这是唯一符合人与物的一致的财

富用途,它保留着行动的否定特征,对人来说,这种
否定性的目标始终在于完全支配自我的可能性。
与科技发展相连的严格精神被直接武装起来,用于
这种根本性活动。但对工业文明带来的舒适和不
断增加的服务的使用,不能仅被局限于少数享有特
权之人:奢侈的使用具有自身的功能,它表明价值,
并在财富与表现这些价值的责任之间建立联系。
但这一表现源于错误,后者使我们想要抓住那些以
对物的否定为原则的东西,就像抓住物一样。于
是,严格精神投身于摧毁过去世界的残余。资本主
义的法则任由它发展自身的物质可能性,但同时却
容忍阻碍发展的特权存在。在这样的情况下,严格
精神便很快着手从科学和技术中得出结果,这些结
果将当前世界的混乱归结于物本身的严格,后者是
所有关于物的活动的理性关联。从那时起,这一严
格便具有马克思最终提出的革命意义。

5. 封建社会和宗教的残余

此外,首先消除过去价值的必要性应得到明
确。在中世纪的经济体系中,财富被两部分人不平
等地分享:一部分是表现被接纳的价值的人,劳动

以这些价值的名义被浪费；另一部分则是提供被浪费的劳动的人①。因而，相对于被表现的价值，田间或城市里的劳动具有奴役性，但不仅仅是劳动，劳动者相对于教士和贵族也同样如此。后者声称不是物，而物的属性，除了口头抗议之外，则完全重新回到劳动者身上。这种最初情况有一个明确后果：人们不可能愿意通过穷尽物的可能性来解放人并像资本主义所做的那样，为了高贵行动——人们确信唯有高贵的行动可以使人回归自我——而对那些除去否定低级劳动之外别无其他意义的人放任自流。资本主义所忽略的封建社会和宗教的残余代表着使工人成为物这一坚定的、或许无意识的意志。相对地，如果我们不能通过献身于一种否定工人劳动的活动以解放自我，那么工人就只能是一种物。只有当与非生产性耗费相连的古老价值观被揭露、被摧毁时，就像宗教改革运动中罗马教廷的价值观那样，物的完成（人和生产的完美一致）才能具有解放的意义。因为，毋庸置疑，人对自我的回归要求贵族和宗教的假面目首先被揭穿，那不是人的真实面貌，而是被提供给物的人的表象。人对自

---

① 所有的劳动者都提供这一劳动，大众用自己的和被用于奢侈任务的工人的物质来提供。

我的回归不能与某些人的错误相混淆，他们企图像抓住面包或铁锤那样获得内在性。

6. 共产主义以及人与物之用途的一致

基本立场由此确立，工人世界已经针对它产生了相应的政治结果。在某种意义上，这是一种奇怪的立场：它首先是对现实物质力量的根本肯定，也是对精神价值的根本否定。共产主义者始终将物置于首位，反对胆敢不具备其从属性的东西。这一态度坚实地建立于无产者的喜好，通常缺乏精神价值的意义。他们将人的利益归结为清晰而明确的利益，将人类世界视作彼此从属的物的系统：犁耕作土地，土地产出小麦，小麦给铁匠提供食物，而铁匠又锻造出犁。这丝毫不排除高贵的愿望，但这些愿望是多变、模糊、开放的，与过去民众通常具有的传统而持久的追求相反。因为，无产者从物着手进行人的解放（一个他们难以进入其价值体系的世界将他们归结为物）。他们没有将人置于野心勃勃的道路，也不会建立一个富裕而多变的、以古代神话和中世纪神学为图景的世界。他们自愿将关注点局限于在那里的东西，但他们并没有被表达自身情感的崇高话语紧紧束缚。在他们的世界中，不存在任何与彼此从属的物的普遍关联相对立的严格限制。一种将其理性归结于纯粹现实的完全现实主义的强硬政治依然最符合他们的激情，它没有遮掩一个更加贪婪的利己主义群体的意图。这条道路上的积极分子轻易就被归结为一种严格的从属。他很容易接受解放行动将其归结为物，正如他接受纪律不断对其发布矛盾的指令。这种基本态度产生一个奇怪的结果：它给予有产者——工人想要终结其剥削——一种想法，即维护人类摆脱个体向物的缩减的自由。但这所涉及的只是以自由支配为目标的巨大努力。

事实上，有产者不可能真正忘记：其世界的自由是混乱的自由。他们最终只会感到不知失措。工人政治取得巨大成果，被普遍化的暂时奴役是其唯一确定的结果，这令他们惊恐，但他们只知道呻吟。他们再也感受不到自己的历史使命：事实在于，面对共产主义的兴起，他们无法带来任何希望。

第五章　现时资料

一、苏联的工业化

1. 非共产主义群体的困境

人们总是可以说:"当今世界的精神空虚令人恐惧。"在某种程度上,未来的特征在于其不确定性,正如现在的特征就是人们面临一个难以穿透的夜。但我们今天仍然有理由强调困境。我很少考虑一场灾难中增加的危险——它比看上去的更使人具有活力——而更多地思考信仰缺失,更好地思考观念缺失,后者令现代思想陷入无力之中。三十年前,诸多彼此不同的思辨阐明一个适合于人类的未来。对无限进步的普遍信仰使整个地球和整个未来成为一个似乎易于被毫无保留地支配的领域。从那时起,形势发生了巨大改变。当压倒性胜利确保了和平的回归,面对不可避免的问题,大多数人的内心逐渐被一种自卑感所占据。共产主义世界——苏联及其加盟党派——是唯一的例外,在焦虑、分歧且除焦虑之外别无其他一致性的人类社会中,它是一块独立的巨石。

这一集团为了自身利益而拥有无法动摇的确信,它远远没有帮助维持脆弱的乐观主义,而是正在结束今天的困境。它对自身而言是无限的希望,但对于拒绝其权威且不盲目信赖其原则的人来说,同时又是一种恐怖。马克思和恩格斯在 1847 年写道(这是《共产党宣言》的开篇之语):"一个幽灵,共产主义的幽灵,在欧洲游荡。"1949 年,共产主义不再是幽灵,而是一个国家和一支军队(地球上最强大的,远远强于其他军队),以及一种有组织的运动,通过对任何形式的个人利益的无情否定,它们被维持在坚如磐石的协调一致中。不仅欧洲被动摇,亚洲也同样如此。尽管具有军事和工业上的优势,美国也变得紧张,它以狭隘个人主义的名义表达愤怒,这却无法掩盖一种剧增的恐慌。今天,对苏联的畏惧笼罩着世界,它剥夺了一切非共产主义者的希望。除苏联之外,没有任何国家对自身坚信不疑并拥有毫不妥协的筹划的意愿。世界上的其他国家基本上只能消极地抵抗它:它们毫无反应地陷入矛盾中,得过且过,盲目、富有或贫穷、沮丧,说出的话已经变成无力的抵抗甚至呻吟。

2. 对于共产主义的精神立场

此后,由于缺乏上升的观念以及能够促进团结与提升的希望,相对于苏维埃世界的主张与现实,人文思想在西欧和美国占据首位。这一主张的拥护者众多,他们使得无产阶级专政和资本主义的废除成为构建令人满意的人类生活的先决条件。根据 1918 年宪法,苏维埃国家的根本目标是:"消除一切人对人的剥削,对社会进行社会主义清算以及社会主义在所有国家取得胜利。"首先,"仅在一个国家实现社会主义"的意愿和俄国革命自 1918 年来所走的道路引起了某些共产主义成员的争议。然而,直到目前,苏联仅有的忠实拥护者在苏联的赞同下,坚决地在本国进行革命,他们能够从其观点中获取将工人大众团结起来的力量。与民主国家内部其他的活跃政党一样,共产主义的分歧也没有结果。因为其意义在于厌恶和拒绝,而不是由自身的决心所坚决激发的希望。

况且,反对派的反应有两个相悖的来源。

一方面,苏联为其原则所带来的结果受到既定条件的限制:社会主义的领域被局限于一个国家,而且是一个工业落后的国家。在马克思看来,社会主义将是生产力极端发展的结果:目前的美国社会,而非1917年的俄国社会,应具备进行社会主义革命的成熟条件。此外,列宁主要将十月革命视为一场世界性革命的(间接)开端。后来,斯大林因反对托洛茨基,不再把世界革命看作在苏联建立社会主义的先决条件。无论如何,苏联从那时起接受了其曾经希望避免的局面。但从表面上看,尽管托洛茨基保持乐观主义,但实际上无可选择。

"仅在一个国家实现社会主义"产生的结果无法被忽略:暂且不论物质困难,也与一个世界性社会主义将遭遇的困难无关,局限于一个国家这个事实有可能歪曲革命,赋予它混杂、难以辨别的形象和令人失望的态度。

然而,在此,引起对立的是"斯大林主义"的反动面目。另一方面,"反斯大林主义者"的批评与普遍反共产主义的批评结合在一起。

对个体利益、思想、社会习俗和个人权利的坚决蔑视从一开始便是布尔什维克革命的作风。在这一点上,斯大林的政策谴责列宁政策的做法,却丝毫没有创新。"布尔什维克的坚定"反对"腐朽的自由主义"。对共产主义的仇恨今天既普遍又强烈,它主要建立于这种对个人现实彻底的、被推向极端后果的否定。对于一般的非共产主义世界，个体是最终的归宿，价值和真理与一种只关注自身的私人生活的孤独有关（更确切地说，与其经济独立有关）。在个体的民主观念（资产阶级观念）基础上，必然存在欺骗、便利、吝啬以及对作为命运（存在之物普遍作用）要素的人的否定。现代有产者本身似乎是人类具有的最平庸的形象，但对习惯于生活的孤独与平庸的"这个人"，共产主义令他跃入死亡之中。当然，"这个人"拒绝投身死亡，却无法因此变为一种激扬的希望。与他同样焦虑的革命者对此感到为难。然而，斯大林主义如此彻底，以至于那些反对它的共产主义者最终都乐意与有产者在一起。无论是否有意识，这一共谋完全导致所有想逃离严酷的斯大林式共产主义的人陷入衰弱和惰性。

除了拥护、反对和仇恨等简单情感之外，斯大林主义的复杂性以及发展条件带给它的无法辨别的形象都能够引起最为混乱的精神反应。毫无疑问，对于目前的苏联而言，最严重的问题之一与社会主义在那里所具有的国家特征相关。长期以来，人们将所谓希特勒式社会主义的某些外部特征与斯大林式社会主义的外部特征进行比较：元首、唯一的政党、军队的重要性、青年组织、对个人思想的否定、镇压。两者的目标以及社会、经济结构截然不同,这使得两种体系完全对立,但方法的类似却令人吃惊。对形式甚至是民族传统的强调必然延迟对这些可疑比较的关注。此外,这类批判还将共产主义反对派与资产阶级自由主义结合在一起:一种"反极权"观念的运动形成并力求使行动停滞,其极端保守的结果十分明显。

思想因这种矛盾局面而深深陷于混乱之中,它有时甚至遭遇最危险的阐释。这些阐释并没有全部正式发表,我将列举的其中之一是别人向我转述的,它很出色甚至很可靠。相反,斯大林主义完全不同于希特勒主义,它并非民族社会主义,而是一种帝国社会主义。并且,帝国(impérial)一词应按与一个国家的帝国主义相反的意义来理解:这个词有关帝国(empire)的必要性,即一个终结当今经济和军事无政府状态的全球之国的必要性。民族社会主义必然遭遇失败,因为它的原则本身将其范围限制在民族之内:无法聚合被征服的国家,将外来细胞与母细胞融合。相反,苏联则是一个框架,任何国家都可以融入它的内部:它不久以后可以接纳智利共和国,就像乌克兰共和国已经被纳入其中一样。这种观点并非对立于马克思主义,但不同之处在于,它将黑格尔提出的优先和决定性地位赋予国家。黑格尔思想中的人，"帝国社会主义"中的人，并不是个体，而是国家。个人在国家中消亡，被吸收进最高现实和对国家的服务中。在广义上，"国家之人"就是流淌着历史之河的海洋。当人处于国家之中时，他同时失去动物性和个体特征：他不再区别于普遍现实。世界一切可分离的部分都属于整体，但世界之国的最高诉求只能回归其本身。这种观念与共产主义的民众现实截然相反，并外在于发挥作用的热情，是一个明显的悖论。不过，它仍然旨在强调个体储备的微弱意义与贫乏。人们必然抓住机会，将人放在终点之外的位置，并通过为其打开一个广阔视野而使其获得解放。我们所了解的苏联的生活与被限制的企业或对个人自由的约束有关，但我们的经验在那里被颠覆了，无论如何，那些在其中遭受质疑的部分超出我们通常局限的短浅眼光。

　　当然，苏联的存在和威胁不可避免地引发各种反应。单纯拒绝和仇恨都有一种放任自流的意味。在这里，热爱思想的沉默的勇气、对失败的组织的蔑视，以及对与人民对立的障碍的仇恨，都使得人们盼望一场严峻而决定性的考验。某些人就像提前接受最坏的结果却又不断向上帝祷告的虔诚教徒，屈从地等待缓和，等待一种稍有妥协的态度，却始终忠诚于在他们看来可以与世界的和平发展并存的事业。另一些人则难以想象这个由于苏联的扩展而完全缩减的世界,但苏联的压力在他们看来同时也带来经济颠覆的必要性。事实上,布尔什维克主义在世界上的行动及其遭遇的被动状态和精神缺失,造成了令人惊奇的心理混乱。然而,或许唯有历史能够通过某种军事决策而将这种混乱终结。我们只能去探究这一行动的本质,它在我们眼前深深扰乱了已建立的秩序,比希特勒所做的更为深入。

3. 与积累相反的工人运动

苏联可以直接改变世界:它组成的力量能够胜过美国的联盟。

苏联还可以通过其行动的间接影响来改变世界:对抗苏联的战争将导致它的敌人改变其经济的法律基础。

无论如何,除非发生一场彻底的灾难,生产力的快速发展将迫使社会结构发生改变,而欧洲目前的衰退仅在一段时间中令发展减缓。

我们将在混乱中找到明确的解决办法,它对我们而言也许只有次要意义。但我们能够意识到发挥作用的力量的本质。

毫无疑问,过剩资源的支配中最彻底的改变在于主要将其用于设备发展:它拉开了工业时代的序幕并成为资本主义经济的基础。人们所称的"积累"意味着大量有钱人拒绝奢侈生活方式中的非生产性耗费,并将其可使用资金用于购置生产设备。由此,发展进程得以加快,甚至随着这一发展的出现,一部分增加的资源被重新认可用于非生产性耗费。

最终,工人运动本身主要触及财富在相互对立的不同领域的分配问题。雇佣劳动者为增加工资和减少工作时间而进行的罢工和斗争有何深层意义?工人请愿的成功提高了产品价格,并且既缩减了用于雇主奢侈生活的部分,也减少了积累的部分。资源增加使得工作时间减少一小时且时薪增加,这重新出现在财富的分配中。如果工人工作得更多、得到的报酬更少,那么更多的资本主义利润本可以被用于生产力发展。社会保障也会大大加强这一结果。因此,与资本主义相反,工人运动和左派政策——对于雇佣劳动者而言至少是宽容的——主要意味着将更多的财富用于非生产性耗费。这一倾向确实并非以某种引人注目的价值为目标:它仅仅力求使人拥有更大的自我支配权。以牺牲用于改善未来的部分为代价，用于满足当前需求的份额同样得以增加。正因为如此，我们所知道的左派在总体上主张轻松甚至放纵，右派则倾向于束缚和精打细算。原则上，正是慷慨的运动和即刻享受生活的愿望激励着先进的党派。

4. 沙皇对积累的无力与共产主义的积累

俄国的经济发展与我们相比有深刻差异，我所引入的考虑无法适用于它。即便在西方，左派运动也并非一开始就具有我所说的意义。法国大革命的结果是减少宫廷和贵族的奢侈耗费以促进工业积累。1789 年的革命挽回了法国资产阶级相较于英国资本主义的落后。很久以后，当左派不再反对挥霍的贵族而转为对抗工业资产阶级时，法国资产阶级才变得慷慨，不再为自身留有丰厚的储备。而 1917 年的沙皇俄国与旧制度下的法国相差无几：它被一个没有能力积累的阶级所统治。由于缺乏资本，广袤领土上取之不竭的资源没有得到开发。直到 19 世纪末，俄国才得以发展一定规模的工业。况且，其工业在极大程度上依赖于外国资本。"1934 年，投入这一工业中的资金仅有

53％属于俄国。"①此外,工业发展十分不足,几乎在所有部门,相比法国和德国等国家,俄国的劣势逐年加大。列宁曾写道:"我们越来越落后。"②

这种情况下,反对沙皇和地主的革命斗争——从民主党到布尔什维克党——在很短时间内就被一种复杂的运动所推动,在法国,这一运动以漩涡般的方式从 1789 年持续至今。但它的经济基础提前决定了其意义:这一斗争只能终结非生产性挥霍并将财富专门用于国家装备。它只能有一个目标,与工业化国家中的工人大众以及支持他们的政党所必然追求的目标相反。必须减少这些非生产性耗费以促进积累。或许这一缩减将触及有产阶级,但如此提取的部分无法用于,或者说其次才能用于改善劳动者的命运,它首先要被投入工业装备中。

在俄国,第一次世界大战从一开始就证明由各民族构成的工业力量得到全面增长,任何一个民族都不能落后。第二次世界大战完成了这一证明。在早期工业国家,发展的决定性因素从内部被给予;对于一个落后的国家,它则主要来自外部。尽

---

① 约雷(Jorré),《苏联:地球与人类》(*L'U. R.S.S.: La Terre et les Hommes*),1945 年,第 133 页。

② 同上。

管我们可以认为俄国对其资源的工业化开发源于内部需要,但需要补充说明的是,无论如何,仅仅这一开发便使俄国经受住了近期的战争考验。1917年的俄国由一群得过且过的人所统治,它得以幸存的条件只有一个:发展其国力。因此,它需要一个鄙视奢侈浪费的阶级来领导。外国资本主义的投资及其工业发展的不断落后明确表明资产阶级在这里既没有数量上的优势,也不具备本可以使其占据上风的上升特性。无产阶级的矛盾因此产生,它被迫以毫不妥协的方式强迫自己拒绝生活,从而使生活成为可能。一个节俭的有产者拒绝最虚妄的奢侈,但他同样享受舒适;相反,工人的拒绝却发生在贫困条件中。

利莱-博利厄(Leroy-Beaulieu)写道:"任何人都无法像俄国人那样受苦,任何人都无法像俄国人那样死去。"然而,这种极端的忍耐看似与算计相去甚远。在欧洲的任何地区,人似乎都与资产阶级生活的理性美德密切相关。这些美德要求某些安全条件:资本主义的投机需要一种严格建立的秩序,在其中可以预见未来。俄国人的生活长期在辽阔的土地上遭受野蛮人入侵,并不断被饥饿与寒冷①的

① "饥饿与寒冷"俄语为"Golod i kholod"。

幽灵所纠缠,这促成了无忧无虑、冷酷和存在于当下的品性。一个苏维埃工人为了未来的福利放弃眼前的利益,这样的放弃实际上要求对第三者给予信任。不仅是信任,还要舍弃限制。必要的努力须回应强力而直接的刺激。最初,这些刺激在一个危险、贫穷且广袤的国家被给予,它们必须适合于这种广袤和贫困。

况且,处于无产阶级领导地位、没有财力回应发展俄国工业化的必要性的那些人,无论如何都不可能具有主宰资本主义企业的冷静和算计。从他们发起的革命和出生的国家都能看出,这些人完全属于战争世界,它对立于冷漠的利益构成,也普遍对立于工业世界,工业世界是恐怖与热情的混合,一边是军事法规,另一边则是旗帜。苏维埃之前的俄国只有以农业为主的经济,在这一由军队必需品所支配的经济中,财富的使用几乎局限于浪费和战争。军队仅从工业投资中获得微薄的利益,而在其他国家工业对军队的支持是毫不吝惜的。从沙皇制度到共产主义的骤然转变意味着,对资源用于发展装备的认可无法像在别处那样与战争的野蛮需求这一刺激相分离。资本主义的积累以平静储备的形式进行,躲避使人沉醉或令人恐惧的狂风:富裕的资产者相对而言是毫无恐惧和激情之人。相反,布尔什维克的领导者则像沙皇统治时期的有产者一样,属于恐怖与激情的世界。但同早期的资本主义者类似,他也反对浪费。此外,他与每一个俄国工人都共同具备这些特征,他与工人的距离微乎其微,如同尚武部落中的首领与其统帅之人。在这一点上,布尔什维克领导者与工人阶级的精神一致性从一开始便不可否认。

某种意义上,这种行事方式中令人瞩目之处在于,它将整个生命维持在当前利益的权力中。或许以后的结果是劳动存在的理由,但这些结果之所以被提及,是为了激发自我牺牲、热忱和激情;同样,威胁就如同无理性蔓延的恐惧,越来越强烈。这只是现实的一个方面,却是备受关注的方面。在这种情况下,工人们所提供劳动的价值与获得薪酬的价值之间可能存在显著差距。

1938 年,"预计达到的生产总额为 1840 亿卢布,其中 1145 亿源于生产资料的制造,仅有 695 亿来自消费品的生产"[1]。这一比例并不完全符合薪酬与劳动之间的差距。但显然,被分配的消费品应首先用于支付其生产劳动,因而仅能对总体劳动的

---

[1] 阿列辛斯基(Alexinsky),《革命的俄国》(*La Russie révolutionnaire*),1947 年,第 168—169 页。

一小部分提供报酬。差距在战后趋于缩小，但重工业仍占据优先地位。1946 年 3 月 15 日，国家计划主席沃兹涅森斯基（Voznessenski）承认了这一点："计划所预期的生产资料制造速度略微超过消费品的生产速度。"

　　五年计划初期，从 1929 年起，俄国经济形成了目前的模式，其特点是几乎将所有剩余资源都投入生产资料的生产。资本主义曾首先将可用资源中重要的一部分用于这一目标，但它丝毫不反对浪费的自由（缩减的浪费始终保持自由，并能够部分地为其利益而产生）。苏维埃共产主义坚决拒绝非生产性耗费[①]原则的进入。它完全未将其撤销，但它所实行的社会变革消除了这一原则最为昂贵的形式，它不间断的行动旨在要求每个人提供人力范围内的最大生产力。在苏维埃共产主义之前，没有任何经济组织能够如此将剩余资源用于生产力增长，也就是说用于系统的增长。在任何社会组织中，正如在任何生命体内，可用资源的盈余被同时用于系统增长和纯粹耗费，后者既无益于生命的维持，也

[①]　此处原文为"la défense improductive"（非生产性防御），疑为"la dépense improductive"之误，故译为"非生产性耗费"。——译注

无助于增长。然而，因无力为增长提供大量储备而险些灭亡的国家，通过对其平衡的突然颠覆，把当时由奢侈和懒惰所支配的部分缩减至最小：它仅仅为了其生产力的过度发展而存在。

我们知道，维克多·克拉夫琴科（Victor Kravchenko）曾是俄国的工程师和党员，离开俄国后他在美国发表了"轰动一时的"回忆录，对政体进行了激烈的揭露。[①] 无论他的抨击价值如何，从对俄国工业活动的这一描述中很容易便能得出某种挥之不去的观点，它关乎一个沉浸在大规模劳动中的世界。作者对俄国所采用手段的价值提出质疑。这些手段无疑是严厉的：1937 年前后，镇压冷酷无情，流放时有发生，公布的成果有时仅是有利于宣传的一面，混乱导致了一部分劳动的浪费，破坏和反抗随处可见，警察不得不严加管制，这使领导层倍感气馁，也阻碍了生产。这些体制上的缺陷在其

---

① 克拉夫琴科，《我选择自由》（*J'ai choisi la liberté*），1947 年。——我参考了这一重要的、具有显著倾向性却真实的文献，以便依照严格的批判法则从中提取一些真实资料。由于作品中存在明显的错误、矛盾和轻率，且作者通常缺乏逻辑关联性，我们无法从该书的真实性中获得任何东西。这一文献与其他任何文献一样，仅供有所怀疑地使用。

他地方也为人熟知（甚至后来出现一种倾向，旨在揭露这一时期过分严酷的肃清），我们只是不了解其程度如何，没有能够阐明详情的确切证据。但克拉夫琴科的指控不可能与其证据的主要部分相悖。

一个庞大的机器自行运转，它缩减个体意愿以谋求最大的收益。在这里，任何地方都不被放任自流。工人接受一个劳动登记册，从此他不能随其所愿地从一座城市到另一座城市，或从一个工厂到另一个工厂。工人如果迟到 20 分钟，就将被施以强制劳动的惩罚。某个工业部门的领导会像军人一样，被不容置辩地分派到西伯利亚的某个荒僻之地。克拉夫琴科的例子本身使我们认识到世界的本质，在这个世界中唯一的可能性便是劳动：着眼于未来的庞大工业的建设。激情，无论是否有利，都只是一个稍纵即逝的片段，在记忆中仅留下微弱的印记。最后，政治的绝望和沉默的必要性终将生命中除沉睡之外的所有时间都献予劳动的狂热。

在牙齿的摩擦声和歌声中，在沉重的静默或言语的喧哗中，在贫穷与狂热中，日复一日，沙皇统治下虚弱无为的巨大劳动力从各个方面构筑高地，在那里，有用的财富不断积累并增值。

5. 土地"集体化"

同样的缩减努力也影响了农村本身。

然而,土地"集体化"原则上是经济结构变革中最可争议的部分。毫无疑问,它耗费巨大,甚至被视为一个冷酷行动中最无情的时刻。但如果普遍评判俄国的这种资源开发,我们可能会遗忘它开始实行时所处的形势以及它必须回应的必要性。我们难以理解这一清算的紧迫性,它所触及的并非富裕的有产者,而是生活水平几乎不高于法国贫苦农民的俄国富农(koulak)阶级。在着手完成一项要求调动所有资源的工业任务的同时不扰乱农业,这似乎是明智之举。做出如此长远的评判是困难的,但以下解释不能被无端排斥。

第一个五年计划伊始,必须预计工人将消费的农产品的实际报酬。计划应从一开始就为了发展重工业而忽略轻工业,因而在保证一个重要部分的情况下便难以考虑向耕种者供应其所需的小型制成品。相反,向农民出售拖拉机却是合适的,这项供应顺利进入计划中,尤其因为生产拖拉机所用的设备在必要时可用于战时的生产。然而,俄国富农的小规模田产不需要拖拉机。因此,他们的私人产业必须由委托给合伙农民经营的大型产业所取代。
（另一方面，这些集体农场的必要且可核查的账目
有利于土地征用，倘若没有这一征用，农民的消费
便难以符合旨在全面缩减可消费财富份额的计划
规则。任何人都无法忽视小型农业产业对土地征
用造成的巨大障碍。）

工业化总是要求人口大量向城市迁移，这些考
虑因而显得更为有力。如果工业化进展缓慢，人口
迁移便保持自我平衡。农业机械化不断弥补农村
人口的减少。但急速发展导致对劳动力刻不容缓
的需求。只有与机械装备相结合的土地"集体主
义"才能够确保土地产量的维持和增长，否则工厂
的增多只会造成失衡。

但这或许并不能合理解释人们对待富农的
残酷。

对此，必须从整体上提出问题。

6. 对严酷工业化批判的无力

在法国人已习惯的和平世界，人们无法想象会
存在似乎难以避免的残酷。但这个便利的世界有
其限制。在更远的地方出现这样的情况：不管是否

有理，一些残酷行为暴虐地对待民众，但相较于个人力图避免的灾难，这些残暴行径似乎又是可以被忽略的。如果孤立地考虑农业拖拉机的生产相较于普通工具制造所具有的优势，我们便难以理解那些涉及数百万牺牲者的处决和放逐。但一种直接利益可能是另一利益的必然结果，而后者的极端重要性不容否认。今天，我们很容易看到，苏维埃通过组织生产，提前回应了一个生死攸关的问题。

我不想辩护，而是理解为何长时间停留于恐惧在我看来是肤浅的。镇压是恐怖的，而人们憎恨恐怖，仅仅出于这个原因，人们便很容易确信温和更为成功。克拉夫琴科偶然地提前谈及这一点。同样，他很快表示，领导者本可以通过更为人道的方式更有效地准备战争。斯大林从俄国工人和农民那里得到的与诸多个人利益乃至普遍意义上每个人的直接利益相悖。如果我提出的意义是正确的，我们便只能设想全体一致的民众毫无抵抗地服从于一种如此残酷的放弃。克拉夫琴科只有通过对工业化失败更为细致的证明，才能支撑他的批判。他仅满足于对混乱与疏忽的声明。工业成功具有虚幻性，其证据来源于 1941 年和 1942 年令人感到耻辱的失利。然而，红军战胜了德意志国防军，或许是在租借法案的帮助下。但他忽略了这句令人惊讶的话："此外,斯大林格勒战役后,美国的武器和军需品开始大量抵达我国。"①因此,在战争的决定性战役中,发挥作用的是俄国的武装和工业化成果。并且,在华盛顿面对负责调查反美阴谋的议会委员会作证时,克拉夫琴科发表了这个同样令人震惊的声明:"必须明白,一切关于苏联因工业技术发展落后于英美而无法制造原子弹的传闻不仅令人愤慨,而且是危险的,因为这一无稽之谈欺骗了舆论。"

如果我们避免局限于其反斯大林宣传的目的,克拉夫琴科的著作其实不乏意义,但它缺少理论价值。作者的批评所触及的不是读者的感性,而是读者的智慧,因而并不可靠。克拉夫琴科如今效力于美国,他(在提供给调查委员会的证言中)让那些想象克里姆林宫已抛弃其世界革命的意愿的美国人保持警惕,但他也揭露了斯大林主义中的某种反革命运动。如果对他而言存在一个当前共产主义组织的政治与经济问题,那么他只有一个答案:斯大林及其拥护者们对令人无法接受的状况负有责任。这就意味着,其他人和其他方法本可以在斯大林被认为失败之处取得成功。他事实上回避了对问题

---

① 克拉夫琴科,第483页。

的艰难解答。表面上，苏联，甚至更普遍地说，俄国——因其对沙皇制度的继承——如果不将其大量资源投入工业装备中，便难以继续生存。看来，如果这一投入略有懈怠，哪怕稍稍不及斯大林所要求的那么严酷，俄国便可能沦陷。当然，这些论断可能并不绝对成立，但表象令人信服，克拉夫琴科的作品也未对此予以反驳。相反，他提供证据证明了这一庞大、严苛且令人难以忍受的资源投入，并最终揭示了其结果：在斯大林格勒，俄国凭借自身的财富完成了自我拯救。

过分严肃地强调错误、混乱和缺乏收效是徒劳的。这部分不可辩驳，也丝毫没有被体制所否认，但无论它如何广泛，决定性的结果已经产生。剩下的唯一问题便是采取耗费缩减的方法并取得更合理的收益。一些人可能会说：如果沙皇继续存在，资本主义的大发展便会随之而来。另一些人会谈论孟什维主义。最理智的人则探讨布尔什维主义的某种其他形式。然而，沙皇与其依靠的领导阶级所采取的行动如同封闭系统的裂缝和裂痕。孟什维主义呼吁上升的资产阶级，就像是荒漠中的一声呼喊。托洛茨基主义怀疑"仅在一个国家实现社会主义"的可能性。总之，必须捍卫一种斯大林主义所具有的更为显著的有效性，它的残酷程度有所减弱,被提前告知其行动的结果,并从自发形成的一致中得出一套机器装备所必需的协调统一!事实在于,我们正在反抗一种非人道的严酷。与其建立恐怖,我们宁可接受死亡。但一个独立的个体可以死亡,一个庞大的群体除了生存之外却别无选择。俄国必须消除沙皇社会的落后,这必然极其艰辛,它要求付出巨大的努力,强力手段——在各种意义上都是最昂贵的——已成为它唯一的出路。如果可以在吸引我们的东西和增加我们资源的东西之间做选择,我们总是很难为了未来的利益而放弃欲求。如果我们所处状况良好,这在必要时是容易的:合理的利益毫无阻碍地起作用。但如果我们处于衰竭中,便只有恐怖和狂热才能使我们远离懈怠。倘若没有强烈刺激,俄国就不可能好转。(法国在当前不至于同样糟糕的条件下遭遇的困难显示出其必要程度:就物质而言,由于积累的缺失,占领时期的生活是相对宽裕的——为未来而劳动总是异常艰难。)恐惧与希望的因素被赋予一种严峻却充满开放可能性的局势,斯大林主义尽其可能但始终严厉地表现这些因素。

此外,一旦对斯大林主义的批评试图将当前领导者的政策视为对利益甚至阶级,或至少是某个非大众集团的利益的一种表达,它就失败了。无论土

地集体化还是工业计划方针都无法满足领导者的
利益,他们就像一个面对不同经济形势的集团。即
便是那些满怀敌意的作者也不否定斯大林身边的
人的能力。克拉夫琴科与克里姆林宫里首脑身边
的某些人士有私人交往,他很清楚:"然而我可以证
明,大部分曾与我有联系的领导都很有能力并了解
自己的工作,他们充满活力,也完全忠实于自己的
任务。"①大约在 1932 年,从早期开始就熟悉克里姆
林宫的鲍里斯·苏瓦林(Boris Souvarine)回答了我
的问题。我问:"在您看来,斯大林像他所做的那样
表现自己并排斥其他所有人的理由是什么?"苏瓦
林答道:"或许他认为在列宁去世后,自己是唯一有
力量搞好革命的人。"苏瓦林的回答十分简单,并没
有讽刺之意。事实上,斯大林的政策是对有序经济
需求极为严酷的回应,这一需求实际上正呼唤一种
极端的严格。

最奇怪的是,斯大林的政策被同时视为恐怖主
义和热月政变式的。我们无法更单纯地证明某种
不肯妥协的态度在反对者精神上带来的混乱。事
实在于,我们憎恨恐惧,并往往将其归咎于反动势
力。但相较于过度工业化,民族主义与马克思主义

---

① 克拉夫琴科,第 533 页。

的一致性同样密切回应了这个关乎存亡的问题：一群心存怀疑的人本不会为共产主义革命而共同斗争。如果革命不将其命运与民族的命运联系在一起，它就必须接受灭亡的结局。关于这一点，张伯伦(W. H. Chamberlain)①讲述了一个令他印象深刻的回忆："民族主义一度属于'违禁品'，几乎是反革命的。我记得自己曾坐在莫斯科国家大剧院，等待乐曲结束后必然爆发的掌声，当时正在上演穆索尔斯基(Moussorgski)的旧俄歌剧《霍万兴娜》(*Khovantschina*)。这是一首祷告曲，祈求上帝派遣一位神明来拯救 Rus(俄国的旧称)。这些掌声或许就是反对苏维埃体制的最明确表现……"战争临近，忽视这些深刻的反应并不明智，但是否必须从中做出决定，抛弃马克思主义的国际主义原则？克拉夫琴科②对人民委员会(俄罗斯苏维埃联邦社会主义共和国政府，俄罗斯联邦)非公开会议的说明基本消除了疑虑。在克里姆林宫内部，政党负责人不断谈及"列宁主义的倒退"，就像谈论一种"暂时性的战略手段"。

---

① 《俄国之谜》(*L'Enigme russe*)，蒙特利尔，1946 年，第 340 页。

② 克拉夫琴科，第 560—566 页。

7. 世界问题与俄国问题的对立

事实上,当前的苏联形势严峻并排除异己,显而易见的不是某种衰落,相反,只有蒙上双眼才看不见那种可怕的压力,那种为解决革命的现实问题未曾退却,也绝不会退却的决心。可以用"道德"批评来反对事实,强调在现实中那些远离社会主义过去曾确信的"理想"、远离个体的利益与思想之处。然而,这些情况属于苏联,并不属于整个世界。并且,同样必须失明才能无视苏维埃的学说和方式(与俄国特别的坚决联系在一起)与其他国家经济问题之间的一种现实对立所产生的后果。

从根本上看,苏联当前的体系致力于制造生产资料,这与其他国家的工人运动背道而驰,后者的目标倾向于减少设备的生产而增加消费品的产出。但至少在总体上,这些工人运动同样回应了对其产生影响的经济需求,如苏维埃回应其自身需求一样。世界经济形势事实上由美国的工业发展所控制,即由大量的生产资料与生产资料增长手段所控制。原则上,美国甚至有能力逐渐将盟国的工业置于与其相近的情形中。因此,在老牌工业国家(尽管目前情况相反),经济问题不再是销路问题(销路

问题在很大程度上已不再具备可能的解决方式），
而即将转变为毫无利益回报的消费问题。当然，工
业生产的法律基础无法得以维系。无论如何，在各
个方面，当今世界都需要快速的改变。地球从未被
如此大量令人眩晕的运动所激励。自然，地平线上
也前所未有地充斥着突如其来的巨大灾难。是否
应该这样说？如果这些灾难成为现实，唯有苏联的
方式将在个体声音惊人的沉默中与巨大的毁灭相
称。（甚至，人类或许隐晦地渴望将自身建立在对
杳冥的混乱的彻底否定之上。）然而，无须表现出更
多恐惧——因为死亡很快便会治愈难以忍受的痛
苦——现在应该转向这个世界并从中发现更多的
可能性。对于仅认识到思想的物质条件的人，一切
都不是封闭的。而且，世界正在各个方面以各种方
式引导人类将其改变。对此，人类或许并非必然遵
循苏联的专横之路。如今，最大程度上，人在恐怖
的反共产主义的无效中日趋衰弱。但如果自身有
亟待解决的问题，他最好投入行动，而不是盲目地
诅咒或为多重矛盾所导致的困境叫喊。只要他尽
力理解甚至赞赏挖掘俄国土地的那些人的残酷力
量，他便会更加接近等待他的使命。因为在各个方
面，以各种方式，运动中的世界都期待被改变。

二、马歇尔计划

1. 战争的威胁

在共产主义的行动和理论之外，人类精神似乎接受不确定性并满足于短浅的目光。除了苏维埃世界，一切都不具有上升价值，一切都没有发展。呻吟、已谈妥的事以及对坚决不理解的大胆表示，都在一种虚弱的不协调中继续存在。也许，相较于相反的情况，这种混乱更有利于真正的自我意识的诞生。我们甚至可以说，如果没有这一虚弱——同时也没有共产主义的攻击性所维持的压力——意识就不会得到自由，也不会被唤醒。

确实，局势很艰难，必定能够促使个体脱离麻木不仁的状态。"分歧"和彻底的分裂不仅使人与人分离，也在普遍意义上使精神被撕裂，因为被牵连的各部分之间,一切在最初都是共同的!分裂与仇恨同样彻底,看来它们所预示的就是战争:一场无法缓和的战争,必然是历史上最残酷、代价最惨重的战争。

此外,战争伊始的思考被置于某些特殊形势中:一旦战争发生,无论以何种方式来安排它,人们都无法想象它得以避免演变为一场大动乱。

假如俄国取得胜利,美国可能受到比今天的德国更惨重的破坏而无法援助其他国家,那么普遍遭到毁坏的世界将意味着什么?那时,苏联也将遭受重创,而已在世界建立起来的马克思主义就将与生产力发展所要求的革命毫不相关。对资本主义的摧毁同时也是对资本主义成果的摧毁,这又将意味着什么?显然,这是对马克思的明晰最为粗野的违背。摧毁工业革命成果的人类将是历史上最贫苦的:对不久前所拥有财富的怀念最终将令人类难以生活下去。列宁将社会主义定义为“苏维埃加电气化”。因为,社会主义所要求的不仅是人民的权利,还有财富。

当然,我们也可以设想美国战胜俄国,这一胜利不会如此完全地摧毁这个世界。但“分裂”并不会有所消减,因为战胜者付出的代价很小。或许在表面上,世界帝国将属于决定性武器的唯一拥有者,但这就像牺牲者属于刽子手一般。刽子手的差事毫不令人羡慕,如此血腥的解决方式必然扰乱社会生活,这一意识极为强烈,以至于在美国方面,不存在赞成短期内进行战争的坚决主张。因此,时势有利于俄国,这很明显,至少很有可能。

2. 生产方式之间非军事竞争的可能性

如果我们一方面考虑集中营普遍强制下共产主义的沉默,另一方面考虑消灭共产主义者的自由,那么疑惑将不会继续存在:精神的觉醒将艰难地拥有更为完美的局势。

然而,这种局势是威胁的结果,尽管它在某个时刻与已失败部分的徒劳努力联系在一起,但觉醒的意识不会以任何方式任由自身陷入焦虑中。更确切地说,在这一意识中占据优势的是对瞬间的确信(唯有黑夜才能满足看的意愿这个可笑的观点)。可直到最后一刻,它都不会放弃对机遇的平静追寻。它只有在死亡的幸福结局中才会放弃。

在彻底的分裂中,阻止人们相信战争不可避免的是"经济"在目前状况下可能"通过其他方式继续"战争这一想法——与克劳塞维茨(Clausewitz)

的说法相反。

经济上的冲突将处于工业发展中的世界(积累刚刚开始的世界)与工业发达的世界对立起来。

从根本上看,战争的危险来自拥有丰盛产品的一方:如果出口困难且没有打开其他出路,那么唯有战争可以成为消耗工业过剩的办法。美国经济甚至就是世界上有史以来最为庞大的爆炸体。的确,它的爆炸压力不像德国那样,既在外部源于邻国密集的军事人口,又在内部源自生产力发展的各部分之间的不平衡。但是,由不可避免的增长运动所激励的这一庞大机器可以平衡而理性地维持下去,这个观点包含着一切无意识的危险。它曾在两次世界大战中有所表露,这一事实并不能完全令人放心。无论如何,看到一个充满活力的社会毫无保留、毫无远见地致力于驱动它的运动,这令人痛苦。知道它对自身发展的法则一无所知却不考虑后果地生产,这同样令人痛心。这种经济与两次世界大战相对应:它处于不断的增长运动中,何种突如其来的魔法能令它适应和平? 推动经济发展的人都天真地相信没有其他目标。可难道我们不能问一问,他们是否无意识地追求着与其意识相悖的东西? 美国人习惯于看其他人发动战争,并且经验已向他们表明等待的好处。

　　然而,针对这种悲观态度,有必要提出与之相对的清晰观点,后者建立在宏大计划观念的基础上并已经开始实施。确实,难以想象美国能够长期繁荣而不以飞机、炸弹和其他军事装备等形式耗费大量财富,但我们可以设想一种与之相当却付诸非血腥行为的耗费。换言之,如果说战争对于美国经济是必不可少的,它却并非一定要遵循传统形式。我们甚至很容易想象,一个来自大西洋彼岸的坚决行动拒绝墨守成规。冲突未必是军事层面的,可以考虑一种广泛的经济竞争,它对竞争发起者造成的损失堪比战争中的耗费,它建立在与战争预算具有同样性质的预算之上,而任何资本主义利润都无望补偿这些耗费。我所说的西方世界的惰性至少需要这唯一的储备:在这个世界,政治流派(在宣传意义上)和思想运动都毫无反应。但一个明确的决定却可以回应苏联的压力。诚然,马歇尔计划是一种孤立的应对,是用系统观点对抗克里姆林宫统治世界的意愿的唯一行动。马歇尔计划最终使得当前的冲突明朗化:它在原则上并非两个军事强国之间的霸权之争,而是两种经济方式之间的斗争。马歇尔计划用对过剩能量的安排来对抗斯大林计划中的积累。这并不必然意味着武装斗争,后者无法带来真正的决定。如果相互对抗的力量在经济上具有不同本质，它们就必定在经济组织层面展开竞争。这似乎正是马歇尔计划——西方对全世界苏维埃运动的唯一应对——所实现的。

二者必居其一：要么世界上设备依然落后的国家通过苏维埃计划实现工业化，要么美国的过剩对其提供设备上的援助。（但毫无疑问，后者的成功，即马歇尔计划的实施，带来真正的希望。）

3. 马歇尔计划

弗朗索瓦·佩鲁(François Perroux)，法国最具独特见解的经济学家之一，把马歇尔计划视为一个极其重要的历史事件。[①] 在他看来，马歇尔计划"开启了国际范围内前所未有的最伟大的经济实验"（第 82 页）。并且，马歇尔计划"在世界范围内"的结果，"远远超越各个工人政党在国家范围内主张进行的最大胆、最成功的结构改革"（第 84 页）。此外，它

---

① 弗朗索瓦·佩鲁，《马歇尔计划或世界必不可少的欧洲》(*Le Plan Marshall ou l'Europe nécessaire au monde*)，1948 年。

还是一场真正的革命,甚至是"这个历史时期举足轻重的革命"(第38页)。因为,它所带来的"革命性转变"改变了"国家间的惯常关系"(第184页)。而"相比以阶级斗争为名来谋划国家斗争,消除国家间的争斗体现出更多的革命精神"(第34页)。因此,当马歇尔将军的行动"取得最初的成功时,它便通过自身带来的益处使那些最深刻、最成功的社会革命相形见绌"(第38页)。

这一观点基于明确的考虑。马歇尔计划旨在纠正欧洲国家对于美国的贸易结算逆差。实际上,逆差长期存在。"出口剩余构成美国对外债权与债务中年久日深的行为特征。从1919年到1935年,这一数额上升至144.5亿美元⋯⋯"(第215页)但其中绝大部分由黄金支付偿还,剩余部分则由基于可量化利益评估的合法信贷支付。这些手段今天已不再适用。欧洲的贫困使其对美国产品的需要十分迫切,美国产品的进口必然加剧逆差,却没有任何办法进行偿还。不仅是黄金和信贷,欧洲在美国的财产也已消失殆尽。旅游业刚刚开始恢复,一部分欧洲商船的损毁导致美元消费的增长。与部分地区(如东南亚,其商品供应对于美国十分重要)的密集贸易中断,这使欧洲又失去了先前曾拥有的暂时缓解从美国进口过剩的办法。因此,在商品交易服从于供应方利益这一商业活动的逻辑下,被摧毁的欧洲将难以返回一种可容忍的政治经济。

然而在当今世界,如此巨大的不平衡有何意义? 美国正面临这样的问题。要么盲目地维护利益原则,但从此必须承受一种难以为继的局面所带来的后果(很容易想象将世界陷入仇恨之中的美国的命运);要么抛弃资本主义世界建于其上的规则。必须无偿提供商品:必须将劳动的产品赠送出去。

马歇尔计划正是问题的解决方案。这是将产品转移至欧洲的唯一途径,而没有这些产品,世界的沸腾将加剧。

弗朗索瓦·佩鲁可能有理由强调马歇尔计划的重要性。从词的全部意义上看,它也许并不是一场革命。但认为马歇尔计划的革命性影响值得怀疑,这无论如何都是不准确的评判。我们可以更为简单地思考它是否具有技术上的意义,是否具有作者赋予它的长远的政治影响。在其作品的论述中,佩鲁并未将马歇尔计划置于令美国与苏联在世界范围内对立的政治活动之中,而仅仅关注它在国家关系中引入的新型经济原则。他既没有考虑因计划在政治上的真正实施而产生的国家关系的演变,也没有考虑这一演变对于国际局势的影响。

我将回到作者有意留下的一个开放性问题。

但首先有必要揭示其技术性分析的意义。

4."普遍"行为与"古典"经济的对立

弗朗索瓦·佩鲁从布雷顿森林协议及其失败谈起。他很容易就表明,在布雷顿森林,人们没有考虑任何不符合"古典经济"规则的重要方面。佩鲁由此指出,"这个普遍理论"就其严格性而言未见于 18 世纪英国古典主义者的论述中,但它"源自他们那里,经历曲折却从未中断,从亚当·斯密(Adam Smith)一直延续到庇古(A. C. Pigou)"。[1]在古典主义者看来,对于资源理性而常规的利用"来自孤立的算计"[2]。这些算计"是企业的工作",并"在原则上排斥那些源于或导致集中的行为"。换句话说,出借方和借款方在交易中"各自关注其切身利益而不考虑对他人产生的影响"(第 97 页)。在这样的条件下,无论普遍利益如何,交易都与其

---

[1] 弗朗索瓦·佩鲁,《马歇尔计划或世界必不可少的欧洲》,1948 年,第 127 页。作者在后文中明确指出:这里的"古典"一词基本上采用凯恩斯在《通论》一书开头所赋予它的意义。

[2] 同上,第 130 页。强调部分由原作者标注。

无关:如果人们愿意,政治目的和集体利益不应被
考虑在内。值得关注的只有成本、收益和风险。因
为除了个体和参与交易的企业的利益之外,不存在
其他法则。当债权人的可计算利益能够被证明时,
信贷便被给予。而国际复兴开发银行赋予自身的
是如此定义的原则限制。"与其在个人借贷的无序
之上叠加一种基于总体计算的严密而协调的投资,
它更倾向于延续根据个人主动性分配国际信贷的
习惯做法"(第 155 页)。或许,"其存在的事实本身
就说明,世界银行是以实现需求集中——或至少是
相互协商借贷协议的各部分的集中——为目标的
首次尝试"(第 156 页)。然而,若要订立合乎章程
的条款,"它就必须逐一研究每项申请并考虑其自
身单独的经济利益,这一利益与总体需要和实际提
出的大量需求所构成的整体无关"(第 155 页)。

　　总之,我们可以认为,布雷顿森林协议明确显
示了国际经济的困境。国际经济建立在资本主义
世界范畴内,并立足于孤立利润法则(没有这一点,
任何交易都不可想象①),它必须放弃自身的基础,
或者放弃其赖以生存的条件以维持这一基础。世

---

① 交易的结果可能是利润缺失,甚至是亏损,因为它没有实
　现预期的效果。但原则并不因此改变。

界银行和国际货币基金组织的无力以否定方式给予了马歇尔计划积极的确定。

资本主义经济的矛盾在于忽视赋予其意义和价值的普遍目标,也在于永远无法超越孤立目标的限制。我在下文中将指出由此导致的一个基本观点的错误:我们以孤立目标的方式来看待普遍目标。但如果不预见实际结果的话,很值得去观察这个突然的过渡:从一个世界到另一个世界,从孤立利益至上到普遍利益至上。

弗朗索瓦·佩鲁非常正确地从这一基本对立中得出了马歇尔计划的定义。他说,这是"一种世界利益的投资"(第 160 页)。

在这一行动中,"风险的规模与性质,得失的范围和结局,都使得对净利润的计算变得虚幻"。它"在政治选择和宏观计算的基础上得到筹备、决定和引导,而古典分析几乎对理解这些选择和计算毫无帮助"(第 172—173 页)。从此以后,"信贷申请和分发取决于集体计算,这与自由主义坚决主张的孤立计算毫不相关"(第 99—100 页)。"面对集体需求,就有集体的供给。"当然,"供给和需求的集中明显区别于投资的古典理论与实践"(第 167 页)。

进入全球行动中的经济体和国家被引导由孤立利益至上转向地区共同利益。在对他人利益的忽视和否定中得以维持的工业保护主义不复存在,取而代之的是为劳动分配而订立系统协议的必要性。但地区间的协定本身只是世界一体化的一个阶段。并不存在仅仅了解自身与世界——或世界中经济占支配地位的国家——的孤立实体，只有对孤立的普遍争议。使其"依赖于邻国经济"的运动本身让每个经济体都融入世界(第110页)。

在这样的形势下，"信贷的分发不再是一种职业，而成为一种功能"(第157页)。我们可以更准确地说，在普遍意义上被考虑的人类将信贷用于他所决定的目的，而不再需要支付利息，也无须遵从由债权人利益所规定的限制。人类由一个经理人所代表，即经济合作署(ECA)的管理者，他将根据一项否定利益规则的基本法并通过持续的协商来分配投资。原有表达在这一新法则中并不陌生。任何世界性利益的行动都必须具备这个无可争论的原则："各尽所能，各取所需。"

5. 从弗朗索瓦·佩鲁的"普遍"利益到"普遍经济"的观点

无论如何，一项马歇尔计划、一种合理的"世界利益的投资"，甚至理想行动的失败尝试，都无法接受其他方法。不言而喻,一个瞄准的目标还没有达到,但不管有意识或无意识,这一计划都不可能指向其他目标。

这显然只能带来诸多困难,弗朗索瓦·佩鲁也许已经意识到这一点,但他并未对此加以考虑,至少他在其著作有限的篇幅内没有论及。

他有意忽略了马歇尔计划的偶然性,忽略了我们对于其在普遍政治上产生的影响的不确定。

另一方面,他还忽略了该计划必须以投资为前提这一事实。总之它必须得到资助。根据投资性质和流通活力,计划的效果可能被限制,其意义也可能被改变。

为了考察投资的性质,在此有必要沿着弗朗索瓦·佩鲁的研究方向引入一系列理论思考。马歇尔计划首先意味着资金流动并脱离利益的一般规则。根据弗朗索瓦·佩鲁的表述,这一资金来源于"一种国际支配性经济"的储备。事实上,这要求经济极为发达,以至于其增长需求难以吸收其过剩资源。同时,这也要求国民收入远远超出其他国家,以至于相对微弱的资金支出对于每一个发展滞后的经济体来说都是相对重要的帮助。事实上,数十亿美元的资助对于欧洲来说生死攸关,但这一数额却低于美国 1947 年的酒精消费额。这个数字原则上可以满足三周的战争花费,它约占国民生产总值的 2%。

如果没有马歇尔计划,这 2% 的资金本可部分地用于增加非生产性消费,但由于涉及的主要是设备财产,资金原则上本可用于提高美国的生产力,即增加美国的财富。这未必令人反感,即便我们感到不快,似乎也应仅仅在精神层面上。让我们尝试考虑其普遍意义。财富的增长本可满足众多孤立利益的共同需求。如果我们超越弗朗索瓦·佩鲁探讨的普遍行为,回到"普遍经济"的观点,孤立利益便具有确切意义:地球上自然界中的每一个孤立个体都力图得到增长并在理论上可以实现。因为,任何孤立的生命体都能够利用资源的过剩部分,并在一般条件下将其用于经由繁殖的增长或个体增长。然而,这种增长以及在可能范围内实现增长的需求适合于孤立生命体,它确定的是孤立利益。人们习惯于以孤立利益的方式来考虑普遍利益,但世界并非如此简单,以至于我们可以这样考虑而不导致错误的观点。

这个错误很容易变得明显:从整体上考虑,生命体不可能无限增长。向生命开放的空间中存在一个饱和点。也许,生命力增长空间的开放程度会随着生命形式的性质不同而变化。鸟的翅膀为增长打开了更广阔的空间。同样,人类的技术使得生命系统(能量的消费者与生产者)发展中出现连续的飞跃。每种新技术本身都促使生产力实现新的增长。但是,这一增长运动在生命的每个阶段都会遭遇限制。它不断被阻止,为了重新开始就必须等待生活方式的转变。发展的停滞不会缩减本可用于增加生命力总量的资源。但原本能够产生增长的能量便白白地被消耗。在人类活动方面,本可以被积聚(被资本化)成为新生产力的资源以某种方式化为乌有。通常,必须承认生命或者财富不可能无限繁盛,承认它们需要不断地放弃增长以便进行耗费。继最简单的永恒生命大量繁殖之后,出现死亡和有性生殖的奢侈,它维持着巨大而持久的浪费。动物之间的捕食本身也是一种对总体增长的抑制。同样,人类一旦以牺牲动物为代价而确立对可用生存空间的支配,便出现战争和各种形式的无用消耗。工业将能量用于生产力发展,通过这一方式,人类同时也不断拓展增长的可能性,拥有纯粹损失性耗费的无限便利。

然而,增长原则上可被视为孤立个体的关切。孤立的个体不衡量其限制,艰难地斗争以确保增长,且从不考虑结果。增长的方式就是孤立放款人的方式:"各自关注其切身利益而不考虑对他人产生的影响",更不用说普遍影响。相反(超越人类的整体利益，正如我所提到的，我们对这一利益存在错误构想，它只是孤立利益的反常增长），存在一种普遍观点，从它出发，对生命的考量呈现出崭新的面貌。或许，这个观点并不意味着对增长的利益的否定，但它以一种特殊而丰富、既有益又令人不快的财富观来反对个体的盲目和绝望。这一利益源于一种经验，它相异于利己主义所支配的经验。它并非关注以自身力量发展来使人敬服的个体的经验，而是与忧虑的虚荣相反的意识。经济学的主题可以明确这种利益的本质。如果我们从整体上考虑资本持有者的孤立利益，就会很快意识到这些利益的矛盾特质。每一个持有者都要求从其资本中获利，这必须以投资的无限发展，即生产力的无限增长为前提。在这些生产性行为的原则中被盲目否认的是在纯粹损失中被消耗的产品总量，它并非无限，却很可观。在这些计算中被可悲地遗忘的，尤其是人们应在战争中消耗可观的财富。以下矛盾的说法可以更加清晰地表明这一点：经济问题是孤立或有限的问题，就像在"古典"经济学中那样被局限于对利益的追寻；而在普遍问题中重新出现的总是生命群体的本质，它必须不断摧毁（消耗）过剩能量。

　　回到马歇尔计划，现在很容易表述得更明确。马歇尔计划反对"古典"类型的孤立行为，但并非仅仅通过集体供给与需求的集中:在某一点,即放弃生产力的增长上,它是一种普遍行动。作为投资,它是一种放弃本金的投资,马歇尔计划力求以此来解决普遍问题。尽管如此,它同时考虑将投资最终用于增长(普遍的观点当然同时包含这两方面),但它把这一可能性推迟至毁坏和技术落后为实现可能打开空间时。换句话说,它的投资是无法利用的财富的投资。

从总体来看,世界上存在一部分过剩资源,由于"空间"(更准确地说是可能性)缺乏,这些资源无法确保增长。无论是必须牺牲的部分,还是牺牲的时刻,从来都没有被准确地给定。但一种普遍的观点要求在不确定的某一时间和某一地点,增长被放弃,财富被拒绝,可能的财富再生与有收益的财富投资被排除。

6. 苏维埃的压力和马歇尔计划

无论如何,一个根本性的困难无法消除。如何使投资流通?如何从孤立利润规则中争得 50 亿美元?如何使其成为一种牺牲?在此,发挥作用的是马歇尔计划与现实政治博弈的融合(正如我所说,佩鲁的著作中未曾论及这一点），一切似乎都应由此被检视。在弗朗索瓦·佩鲁对马歇尔计划的界定中，仿佛从一般规则中取得的投资是既定的，仿佛它是共同利益的结果。在这一点上，我无法毫无保留地追随他。马歇尔计划可能是"世界利益的投资"，但它也可能是"美国利益"的投资。我不会说它就是如此，但这个问题却被提出。又或许，作为原则上的"世界利益"投资，它被偏转至美国利益的方向。

理论上，这是对资本主义的深刻否定。在这一狭义上，无须从弗朗索瓦·佩鲁在分析中指明的对立中得出任何观点。但事实呢？

事实尚未形成。让我们仅仅提出问题：也许，资本主义想要进行自我否定，并在同一种运动中揭示出它无法避免于此，却又缺乏完成的力量。而对于美国来说，这是生死攸关的问题。

大部分力图理解现代世界的人都忽略了这方面：如果没有苏维埃带来的有益的恐惧（或者某种类似的威胁），就不会产生马歇尔计划，这一事实以矛盾的方式导致目前局势的出现。实际上，克里姆林宫的外交掌握着美国保险箱的钥匙。矛盾的是，正是其维持的世界紧张局势决定着世界的运动。这样的断言很容易滑向荒谬，但我们可以说，如果没有苏联,没有苏联所遵循的压力政策,资本主义世界必然无法避免瘫痪。这个实际情况决定着目前的发展。

苏维埃政体目前是否在普遍意义上满足世界的经济需求,这并不确定。人们至少可以想象,过剩的经济并不一定需要工业的独裁组织。但苏联以及共产党和工人党情报局的政治行动对世界经济而言是必不可少的。在此,行动不仅是上层建筑(生产的法律体系)差异的结果,同时也由经济水平所导致。换句话说,苏维埃世界的政治体制以强烈动荡和阶级斗争的极端紧张来表现资源(能量运动)的不平等。不言而喻,这种紧张有利于资源的平等分配,有利于财富的流通,而经济水平的日益不平衡已使财富流通陷入瘫痪。马歇尔计划是工人运动的结果,它竭力通过提高西方国家的生活水平来平息这一运动。

共产主义与马歇尔计划的对立本身延长了后者最初的运行。它力图阻止计划的实施,但与表面相反,它强化了其反对的这一行动。它强化并控制马歇尔计划。原则上,援助欧洲为美国的干预带来可能性甚至必要性,但苏联的反对使不规则和过剩变得困难,而不规则和过剩则有可能把这一反对转化为征服。确实,破坏活动可能减弱计划的效果,但相反，它却增加了人们的紧迫感，甚至是苦恼，这确保计划得到坚决执行。

我们不能过分强调这些产生影响的行动的重要性。它们以经济的深刻改变为目标。它们未必能取得足够的成果，但这些矛盾的交流证明世界的收缩并不一定能通过战争解决。一般来说，无论是社会主义还是共产主义，其工人运动实际上都力求实现经济制度的非革命性和平演变。第一个错误在于相信温和的改良主义行动就能确保成功。如果共产主义发起的革命行动不采取威胁性的方式，那么就不会再有发展。但倘若认为共产主义唯一的有利结果是夺取政权，这也是一种错误。即使在狱中，共产主义者仍将继续"改变世界"。就马歇尔计划本身而言，其效果是可观的，但人们无法从中看到限度。由破坏性行动所导致的经济竞赛很容易超越财富分配中的变化，引起更深入的结构变化。

7. 只有战争的威胁能够"改变世界"

马歇尔计划从一开始就旨在提高世界范围内的生活水平。（甚至，它的影响可能是促进生产力的增长以提高苏联的生活水平。)然而在资本主义条件下,生活水平的提高并不足以推动生产力的持续增长。同样,马歇尔计划从一开始就是一种外在于资本主义的提高生活水平的方式。(在这方面,知道效果是否产生于美国之外并不重要。)因此,开始出现逐渐的转变,朝向一种与苏联更为近似的结构,一种相对的国有经济。在生产力增长受到抑制、资本主义的积累和利益因而不再有足够余地的情况下,唯有这种经济是可行的。此外,援助欧洲这一形式并非工人运动在总体上推动的发展的唯一标志。美国在无法解决的矛盾中挣扎。它捍卫自由企业,但同时又加强国家的重要性。美国只是尽可能缓慢地朝向苏联急于达到的目标前进。

从此以后,社会问题的解决不再依赖于街头起义,我们也已经远离那个时期:迅速增长的人口由于缺乏经济资源而必然侵入最富有的地区。(此外,与过去相反,今天的军事条件对富人有利。)况且,战争之外的政治结果也变得至关重要。我们无法确信这些结果将使我们免于灾难,但这是我们唯一的机会。我们不能否认,战争常常加速社会发展:除了苏联本身,我们,我们的思想自由、我们较为灵活的社会关系以及我们的国有化工业与服务业,都是动摇了欧洲大陆的两次世界大战的结果。

甚至,第二次世界大战结束时,我们的人口确实有所增长,生活水平本身也在总体上不断改善。然而,我们很难预见第三次战争会带来什么,世界甚至有可能无法挽回地倒退至 1945 年德国所处的状态。从今以后,我们应该考虑一种和平的发展,否则对资本主义的摧毁同时也将是对资本主义成果的破坏,并导致工业发展的停滞和社会主义梦想的消散。从今以后,我们应该在战争的威胁中,等待人们昨天无情却正确地在战争中等待的那些东西。这并不令人安心,但别无选择。

8."动态和平"

我们只需考虑一个政治评判基础上的明确原则。

如果战争的威胁使得美国将主要剩余部分用于军备制造,那么再谈和平发展将是徒劳:实际上,战争必然爆发。只有当这一威胁使美国冷静地将剩余资源中可观的一部分无偿用于提高世界生活水平,只有当经济运动给予产能增长一条战争之外的出路,人类才能和平地走向其问题的普遍解决。这并不是说,缺乏军备裁减就意味着战争。但美国的政策在两条道路之间摇摆：要么通过新的租借合约重新武装欧洲，要么至少部分地将马歇尔计划用于军事装备。裁减军备在目前局势下是一个宣传主题，这无论如何都不是一条出路。但如果美国人放弃马歇尔计划的特性，放弃将增长的重要一部分用于非战争目的，那么增长便会在他们所决定的地方爆炸。在爆炸之时，人们可能会说：苏维埃的政策令灾难不可避免。这种慰藉不仅可笑，还带有欺骗性。从今天起，必须在相反的方向上断言：使战争成为生产力过剩的唯一出路，这意味着承担其后果，对其负有责任。的确，苏联将美国置于严峻的考验中。然而，倘若没有苏联将世界唤醒，令它遭受考验并迫使它"改变"，这个世界会变成什么样呢？

我已经描述了迅速武装的必然结果，但这丝毫不意味着要裁减军备，这一想法本身就是不现实的。裁减军备过于脱离实际，我们甚至无法想象其后果。人们难以衡量，在何种程度上提出将这个世界置于静止状态是徒劳无益的。静止与沉睡在必要时都只能是战争的先兆。唯有一种**"动态和平"**①

---

① 这是让-雅克·塞尔万-施莱贝尔（Jean-Jacques Servan-Schreiber）的说法。参见《面向和平的西方》（*L'Occident face à la paix*），发表于《世界报》1948 年 1 月 15—18 日的一系列精彩文章。

才能满足改变的迫切需求。这是唯一可以与苏维埃的革命意志相对抗的方式。**"动态和平"**意味着这种坚定意志维持着战争威胁的状态，也意味着对立阵营的军备武装。

9. 与美国经济发展紧密相连的人类发展

尽管如此，显然只有美国方法的成功才能实现和平发展。阿尔贝·加缪（Albert Camus）的伟大功绩在于，他非常明确地指出没有战争的革命或至少传统的革命是不可能的。但没有必要将苏联视为无情意志的代表，或将克里姆林宫的政策看作罪恶行为的象征。通过秘密警察、言论钳制和大量的集中营来谋求政体的扩张，这非常残酷。然而，如果声势浩大的人民运动没有对迫切的必要性做出回应，那么世界上就不会存在苏维埃阵营。无论如何，倘若没有意识到苏联在世界范围内维持的压力所具有的意义、真理和决定性价值，那么对自我意识的追求便只能是徒劳。（如果缺少这种压力，在任何方面，保持平静都将是徒劳，人们比任何时候都更必须面对恐惧。）那些任凭自己被激情所蒙蔽并仅仅把苏联视为一种过度的人，投身于同样的过

度行为中,至少在盲目的意义上:他们放弃完全的
清醒,而只有充分清醒,人才可能最终获得自我意
识。当然,在苏维埃世界的范围内,自我意识并不
因此而免遭排斥。况且,自我意识无法与任何既定
事物联系在一起。在威胁下,它意味着快速改变[1]
和居于世界统治地位的那部分的成功。作为补偿,
自我意识从现在起就被包含在美国民主今后的选
择中,它只能以非战争形式呼唤民主的成功。国家
的观点与之无关。[2]

10. 对财富最终目标的意识与"自我意识"

或许,将一种与自我意识(生命回归完全且不
可缩减的绝对权力)同样内在的真理[3]与这些完全
外在的确定联系在一起,这不无矛盾。尽管如此,

---

[1] 正如让-雅克·塞尔万-施莱贝尔所指出的,也正如一些美
国先进知识分子所力图思考的,人们可以从工会这一新兴
政治力量的快速上升中期待美国国内局势发生重要而迅
速的转变。

[2] 为何要否认这一事实:苏联和美国之外的其他国家不再可
能进行深刻意义上的独立创举? 停滞不前仅在日复一日
的论战中才有意义。

[3] 它是即刻的自由,独立于必须完成的任务。

人们如果毫不迟疑地回到本质上，便很容易意识到这些确定和这整本书的深刻意义。

首先，矛盾被推向极端，因为基于"国际主导经济"考虑的政策仅以世界①生活水平的提高为目标。这在某种意义上是令人失望和沮丧的。但这是自我意识的起点和基础，而非其最终完成。这一点应得到足够确切的阐述。

如果自我意识在本质上是对内在的完全拥有，那么必须回到一个事实：任何对内在的拥有都导致欺骗。② 一次献祭只能确定一件神圣之物。神圣之物使内在显露：它使实际处于内部的东西在外部被感知。正因为如此，自我意识最终要求，在内在的范畴中，一切都不再发生。这丝毫不涉及消除存在之物的意愿：谁会说取消艺术品和诗歌呢？但有一点应被揭示出，即生硬的清晰在其中与神圣感相符。这意味着神圣世界被简化为与物完全对立的

---

① 我说的就是世界：在这个意义上，"杜鲁门主义"中所指出的美国政治的最新方向比马歇尔计划本身更具意义。当然，在这些经济措施的范畴内寻求战争问题的解决，这似乎是徒劳的。实际上，即便这些经济措施是符合逻辑的，它们所能消除的也只是战争的必要性，而非战争的可能性。但在目前军备武装的可怕威胁下，这在理论上可能已足够。无论如何，人们无法做得更多。

② 参见上文，第四章，第二部分，"资产阶级世界"。

成分,也就是说被简化为纯粹的内在性。事实上,就像在神秘主义者的经验中,这便回到精神的沉思,它"既无形状也无方式",与"幻象"、神与神话的迷人表象相对立。在本书的视角下,这明确意味着在根本性斗争中做出抉择。

我们这样的生物并非一劳永逸地被给定,而是被呈现在自身能量资源的增长中。在大多数时间里,他们超越简单的生存,以这种增长为自身目标和存在理由。然而,在对增长的这一从属关系中,既定的个体失去其自主性,服从于他借助自身资源增长而在未来实现的改变。事实上,增长的出现应相对于其转化为纯粹耗费的那个时刻。但这一转变确实困难。因为意识与此相悖,意识所追求的是抓住某个获取之物,某种物,而非纯粹耗费的虚无。重要的是,抵达意识不再是对某种物的意识这一时刻。换句话说,意识到增长(获取某物)将转化为纯粹耗费这一时刻的决定性意义,这完全就是自我意识,即一种不再以任何物为目标的意识。①

当清晰具有其可能性时,这种完成与生活水平提高的缓和联系在一起,具有构建社会存在的价

---

① 或是纯粹的内在性,它不是一种物。

值。在某种意义上,这一构建可与动物向人的进化相媲美(更确切地说,这种构建正是进化的最后行为)。在此观点中,一切都有条不紊地进行,就像最终目标已经给定。最终,一切事物都自我安排并扮演指定的角色。今天,杜鲁门主义将盲目地为最后隐秘的辉煌①做准备。

但这显然是虚幻的。更为开放的精神将辨别出的并非一种陈旧的目的论,而是唯有沉默不会背叛的真理。

---

① 激情不再是无意识因素的时刻将到来。人们会说,这是只有疯子才能在马歇尔计划和杜鲁门主义中领会的东西。我就是这个疯子。确切地说,存在两种可能性:要么行动失败,而我这个疯子将迷失在那同样疯狂的世界里;要么行动完成,于是实际上只有疯子能够达到我所谈论的自我意识,因为作为意识的理性只有在将对其而言不可缩减的事物作为目标时才完全是意识。很抱歉,我在此引入的思考涉及一个明确事实:这本经济学著作的作者(通过其作品的一部分)处于所有时代的神秘主义者之后(但他并不因此赞同各类神秘主义的种种预先假定,他只用自我意识的清醒来对抗神秘主义)。

附录　从普遍经济学到普遍历史①

――――――――

① 本文原载于《江苏社会科学》,2009 年第 4 期,第 89—96 页。

巴塔耶在 1949 年完成的《被诅咒的部分：普遍经济学随笔》第一卷《消耗》在其著作中是最为系统的一部，他自己也对此书寄予厚望，觉得有可能获得诺贝尔奖，"甚至，直到他生命的最后一刻，他还梦想深入地修改或扼要地重写第一部，即《被诅咒的部分》"①。遗憾的是，这本书出版后，一年内只卖出了五十本左右。不仅诺贝尔奖无望，其糟糕的销量也使《被诅咒的部分》的后两部《色情史》（L'Histoire de l'érotisme）和《至尊性》（La Souveraineté）的出版成为泡影。因此，人们也习惯于把《消耗》直接称为《被诅咒的部分》。

但世异时移，现在《消耗》这部书已被人认为是巴塔耶的《查拉图斯特拉如是说》。② 而在我看来这本书更像是巴塔耶的黑格尔式的《历史哲学》，只不过，他用自己的耗费或消耗的概念替代了黑格尔的理性或精神。

---

① Michel Surya, *Georges Bataille: An Intellectual Biography*. Trans. Krzysztof Fijalkowski and Michael Richardson. New York: Verso, 2002, p.381.
② Stuart Kendall, *Georges Bataille*. London: Reaktion Books Ltd, 2007, p.182.

1. 耗费、消耗与普遍经济学

在《被诅咒的部分》中，巴塔耶系统提出了自己的"普遍经济学"的理论。应该说，巴塔耶在《耗费的概念》中的思想已经构成了他"普遍经济学"的基本框架。他提出的"生产性耗费"和"非生产性耗费"的概念以及"损失"的观点的确颇具创见，所以，他认为自己理论的核心与基础部分也在于此。他坦承，自己后来相关思想的发展都建立在这样一个基值上面。巴塔耶觉得人们对生产的关心及知识远甚于耗费，不管是对生产性耗费还是非生产性耗费都所知甚少，因此，他的理论立足点也就牢牢地建基在事物的耗费上面。而这本书之所以名为"被诅咒的部分"，就是因为巴塔耶认为耗费实质上是一种不得已且必要的财富或能量的"损失"，而"被诅咒的部分"即"该下地狱的、该死的"部分，即命中注定要"损失"的部分。

但是，这个语焉不详的理论框架并非毫无缺陷。首先，它并没有清晰地说明耗费的动力，所以，巴塔耶只能从人的生命自身的内在冲动出发对其进行解释。其次，在谈到耗费的社会功能时，他用来佐证自己观点的事例过于简单和粗略，更无法从耗费出发,反向建构出一个他一直雄心勃勃想建立的人类社会的"普遍历史",这可能也是他在之后的岁月里几度想将耗费的概念予以拓展却不能卒篇的原因。而经过对这一问题持续十多年的思考,他终于能够以"消耗"为名完成这一复杂而不失宏大的工程。

"消耗",巴塔耶所使用的词是"consumation",但文中他并未给予其详细的定义,它的意思与耗费的意义大致相同,有时也混用,均指"非生产性"的消费和"损失"。而该词却并不常见,与该词近似的法语单词有两个,一是"consumer",有"用尽、烧光"的意思,另一个是"consommation"(动词形式是"consommer"),有"消费、消耗、完成"的意思。综合这两个词可看出,"consumation"这个词既有"消费",也有"用尽、完成"的意思。显然,巴塔耶以此词来代替之前提出的耗费(dépense),可以说更能表达他的思想。因为"dépense"这个词虽然有"开销、费用"的意思,用来表达非生产性的消费形式亦无不可,但巴塔耶的耗费除了这个意思外,还受到莫斯所提到的夸富宴的影响,有"对抗"的意思在里面。而且,只要这个游戏开始,双方就不能退出,它就像一堆篝火,只要开始燃烧,就不会停止,直到变成灰烬才会最终熄灭。所以,它也有"用尽、完成"

的意思。从这个角度看,巴塔耶用"consumation"取代"dépense"是有其道理的。不过,"consumation"只是"消耗"的名词形式,在作动词用时,巴塔耶较多使用"consumer",这也说明了两者之间的关联。

当然,我认为巴塔耶后来有意使用"消耗"而不继续使用他的"耗费",一方面是为了更恰切地表达"耗费"一词没能表达出来的意思,另一方面则是希望借此拓展耗费的意义。这其中,最重要的就是他对"总体性"(totalité)的重视,即把事物放在普遍联系的有机的网络中,从一个更为广泛的系统来考虑事物的存在及其关联性。这种整体观念当然与莫斯在《论馈赠——古老的交换形式》中所运用的方法有关。在《论馈赠》的英译本导言中,牛津大学社会人类学教授埃文斯-普里查德(E. E. Evans-Pritchard)指出莫斯考察原始部落的礼物时所秉持的理念:"莫斯只试图对有限范围内的事实加以认识和理解,而莫斯所谓'理解'(understanding)的意思,在……文中表露得十分清楚。诚如涂尔干业已教示的那样,理解就是要在总体性中把握社会现象。'总体'(total)是这篇文章的关键词。莫斯所考察的古式社会的交换,就是那些总体的社会运作或社会活动。它们同时兼为经济的,法律的,道德的,审美的,宗教的,神话的和社会形态学的。因此,只有将其视为一种复杂而具体的实在,才能把握它们的意义。"①同样,巴塔耶也是以这种思路来考察和运用耗费的思想的。但巴塔耶的那个"总体"显然比莫斯的"总体"所牵涉的面更广。在以上诸种要素之外,他还加上了一个他认为更为基本的维度,那就是宇宙能量的运动。这正是他所认为的使人类社会生生不息的动力,也是耗费最终的最根本的动力。

因此,巴塔耶在"普遍经济学"中,仍然是从"耗费"的观点出发,首先阐明其含义和法则。当然,他所谓的经济学和一般经济学家眼中的经济学是不同的。在《被诅咒的部分》前言中,他就说:"我要补充说明自己所写的(如今出版的)这部书并非以合格的经济学家的方式来对事实进行思考,并且从我的视角来看,一次人类献祭、一座教堂的建造或一个宝物的馈赠与小麦的销售具有同等意义。"②在巴塔耶看来,"一次人类献祭、一座教堂的建造或一个

---

① 埃文斯—普里查德,《〈礼物〉英译本导言》,见马塞尔·莫斯,《礼物》,汲喆译,上海:上海世纪出版集团,2005年,第191页。本文中莫斯的书名采用《被诅咒的部分》译者的译法"论馈赠"。

② 乔治·巴塔耶,《被诅咒的部分》,刘云虹、胡陈尧译,南京:南京大学出版社,2019年,第49页。

宝物的馈赠"都是非生产性耗费。表面上,特别是在一般人看来,它们似乎没有小麦的销售带来的"好处"多,因为出售小麦可以赚钱,花在献祭、教堂和宝物上的钱却似乎有去无回,纯为浪费。但巴塔耶认为,把钱花在它们上面和卖小麦一样会得到好处,这就拉开了他与正式的经济学家们的距离,因为后者关心的主要是小麦的销售这样的事情,而对献祭之类不能带来具体物质回报的事情并不关心。巴塔耶的目的是避开经济学家们已经做过的工作,另辟蹊径,发现别人没有注意到的东西:"我更愿意从普遍意义上提供解释凯恩斯'装钞票的瓶子'奥秘的理由,它通过吃、死亡和有性生殖来延伸丰盛中那些令人疲惫的迂回。"[①]

巴塔耶的这段话并非虚言。为了解决失业问题,以增加社会财富,英国经济学家凯恩斯于1936年在《就业、利息和货币通论》中提出政府以公共投资扩大需求的重要性,为此举了一个著名的"瓶子"的例子。"如果财政部把用过的旧瓶子装满钞票,然后选择适当的深度,把这些旧瓶子埋在废弃的煤矿中,再用垃圾把煤矿填满,择取自由放任的原则,让私人企业再把这些钞票开采出来(通常的

---

① 乔治·巴塔耶,《被诅咒的部分》,刘云虹、胡陈尧译,南京:南京大学出版社,2019年,第54页。

办法是通过招标来取得在填平的钞票区开采的权利），如果这个计划能够实现的话，失业问题就解决了。如果能够这样的话，一个社会的实际收入和资本财富，大概要比现在的多得多。"①与这个挖瓶原理相同，凯恩斯说："如果我们的政治家们由于受到古典学派经济学的影响太大，想不出更好的办法，那么建造金字塔，地震，甚至战争都可以起……增加财富的作用。"②应该说，凯恩斯的革命性观点具有很大的影响，突破了以阿尔弗雷德·马歇尔为代表的"古典学派经济学"的理论框架，即一切交由市场来自动调节。凯恩斯也因此成为资本主义的救星，还有人称之为经济学界的哥白尼。

巴塔耶则在凯恩斯的基础上走得更远。他认为，建造金字塔、发动战争，或者利用地震，目的并不是扩大社会需求以增加社会财富，恰恰相反，这样做是为了"消耗"社会的过剩财富。同样，把装满钞票的瓶子埋进矿井里再让人挖出来，也不是为了刺激就业，而是为了让更多的人在这一过程中消耗自己的财富。也许按照巴塔耶的逻辑，他甚至会建

① 约翰·凯恩斯，《就业、利息和货币通论》，宋韵声译，北京：华夏出版社，2005年，第100页。
② 同上，第99页。

议在人们将装满钱的瓶子埋入地下之前，先把里面的钞票烧为灰烬。因为只有这样，才能把社会的过剩财富化为齑粉，从而使国家总的能量循环保持系统的平衡，以免系统崩溃。但是，与其早期的研究从"非生产性耗费"出发、强调系统过剩能量的消耗不同，巴塔耶在"普遍经济学"的理论框架中更强调系统的有机性和自洽性。也就是说，他在考虑系统如何处理自己的过剩能量的同时，也不忘从"生产性耗费"的角度来考察系统如何"积累"（accumuler）能量，或形成其"积累"（accumulation），从而丰富和平衡了自己的理论模型。

2. 普遍经济学的含义与普遍历史的建构

在《被诅咒的部分》中，巴塔耶首先在"理论导言"部分介绍了"普遍经济学"的含义和法则。他力主从一个更大的框架、从更为普遍的角度出发，即从"宇宙尺度下的经济学"出发，来研究人的生产和消费活动。在一般人眼里，"当需要更换汽车轮胎、划破脓肿或耕植葡萄园时，人们很容易完成一个非常有限的操作。"①但是，巴塔耶指出，人们平日这些

① 乔治·巴塔耶，《被诅咒的部分》，刘云虹、胡陈尧译，南京：南京大学出版社，2019 年，第 59 页。

看似微不足道的活动并不是孤立的，它们与世界的其余部分密不可分，而且很有可能影响它们的运行。这是因为任何经济活动都依存于地球上的"能量流动"。在这种能量互相依存的前提下，巴塔耶对地球上"有机体"的存在状态进行了思考："在地球表面能量运动所限定的情境下，生命体原则上会获得比维持其生命所需更多的能量。过剩的能量（财富）可以被用于系统（例如有机体）的增长；如果系统无法继续增长，或过剩的能量无法在其增长中被完全吸收，那么过剩部分就必须被毫无利益地损失、耗费……"[1]这种"损失"是必须的，也是不可避免的，因为活的有机体对能量的吸收和积累是有限度的，一旦超越了这个限度，而我们又不能主动消耗那些无法在增长中吸收的能量，它就会像河流流进大海一样，不可扼制地逃离我们，遗弃我们。这与中国传统思想中的"月盈则亏，水满则溢"有相通之处。《周易·丰》的"彖辞"非常完美地表达了这一思想："日中则昃，月盈则食，天地盈虚，与时消息，而况于人乎，况于鬼神乎？"冯友兰对此一观念也很重视，认为其深刻地影响了中华民族："这个理

---

[1]　乔治·巴塔耶，《被诅咒的部分》，刘云虹、胡陈尧译，南京：南京大学出版社，2019年，第62页。

论说,在自然界和人类社会的任何事物,发展到了一个极端,就反向另一个极端;这就是说,借用黑格尔的说法,一切事物都包含着它自己的否定。这是老子哲学的主要论点之一,也是儒家所解释的《易经》的主要论点之一。这无疑是受到日月运行、四时相继的启发,农民为了进行他们自己的工作对这些变化必须特别注意。'易传'说:'寒往则暑来,暑往则寒来。'(《系辞传》下)又说:'日盈则昃,月盈则食。'(《丰卦·辞》)这样的运动叫(作)'复'。《复卦·辞》说:'复,其见天地之心乎!'《老子》也有相似的话:'反者道之动。'(《老子》第四十章)"①显然,巴塔耶的思想里也有黑格尔的"否定"的影子。

所以巴塔耶认为,不仅活的有机体的增长有限度,由其所构成的每个系统的增长也都是有限度的,超越其限度后,损失就会不可避免地发生。他特别举了人们并非出于情愿消耗过剩的例子,如把咖啡倒进大海,这对于咖啡商人来说显然是痛苦的。这个限度从小的方面说是系统自身的内在的规定性,但从"总体性"或者更为本质的意义上来说,每个系统的增长限度不仅取决于自身,同样要

---

① 冯友兰,《中国哲学简史》,涂又光译,北京:北京大学出版社,1985年,第25页。

由与其相关的系统限定,"对于每一个个体、每一个
群体而言,直接的限制都是由另外的个体或群体给
予的。然而,地球(准确地说是生物圈这一生命存
在的空间)是唯一实际的限制"①。在这样的限制
下,过剩就会对系统产生"压力",其导致的第一个
结果就是系统对自身进行"扩张","扩张"到极限
后,就开始"挥霍或奢侈"。其中,自然主要通过三
种奢侈形式来消耗过剩,即"吃、死亡和性生殖",而
人类社会消耗过剩的方式是通过"劳动和技术的扩
张以及人的奢侈"。劳动和技术的扩张具有双重结
果,一方面固然消耗了过剩,但另一方面又制造了
新的过剩,于是奢侈开始了。巴塔耶指出,古代社
会节日的狂欢、高耸的纪念碑,以及现代社会增加
的各种让人舒适的"服务"、空闲时间里人们的休闲
活动,其目的都是相同的,那就是想尽办法消耗和
吸收过剩的能量。但是,这些形式有时相对于庞大
的过剩,是不够的。这个时候就会产生"灾难性耗
费",即战争,这也是人类社会最大的奢侈形式,因
为战争可以更快更好地消耗过剩的能量,如献祭一
样把"被诅咒的部分"消耗掉。比如,巴塔耶认为,

---

① 乔治·巴塔耶,《被诅咒的部分》,刘云虹、胡陈尧译,南京:
南京大学出版社,2019年,第72页。

现代工业的发展固然促进了从 1815 年到 1914 年的
和平，可是生产力的发展同时也导致资源（能量）大
量积累，引起系统失衡，从而引发第一次世界大战，
继之发生的第二次世界大战也是由于同样的原因。
不过，巴塔耶强调，这并不等于这个系统不能发展
到更远，只是表明这个系统的增长到了极限而已。
当然，他并不认为战争是必然的，只要能够及时把
过剩的能量有意识地导向理性的工业增长的拓展
中，或者转移到非生产性的耗费活动中，就可以避
免战争的爆发。

　　可巴塔耶指出，问题在于有时我们受制于狭隘
的思想，无法搞清楚该如何处理过剩。例如，在目
前地球的整个系统中，美国可谓最富裕的国家，它
的能量显然是过剩的。从维持系统平衡的角度来
看，它应该设法将自己的过剩能量分给世界上最贫
穷落后的国家，但美国并不一定会这样做。所以，
战争这种奢侈的消耗形式始终存在着爆发的可能。

　　巴塔耶的这种思路与经济学家们侧重于研究
"有限的"的目标不同。亚当·斯密曾提出"经济
人"（economic man）的概念，认为人是不折不扣的
"经济动物"，唯利是图，其行动都受到经济利益驱
使。"我们每天所需的食料和饮料，不是出自屠户、
酿酒家或烙面师的恩惠，而是出于他们自利的打

算。我们不说唤起他们利他心的话，而说唤起他们利己心的话。我们不说自己有需要，而说对他们有利。"①而"经济人"为追求"自利"，必然会进行理性的"打算"，所以经济人也被认为是"理性经济人"。但巴塔耶却是从"总体性"出发，基于地球总的能量运作及无法逃避的对过剩能量的消耗，来讨论更为"整全"的人的问题，从这个意义上说，他的经济学理论确实是"无限"和"普遍"的。他不无自得地认为，"从有限经济观转向普遍经济观，这事实上实现了一次哥白尼式的转变：对思想与道德的颠覆"②。与凯恩斯的"有限"经济学相比，巴塔耶近乎"无限"的普遍经济学的变革自然更大，而他也比前者更像哥白尼。

巴塔耶的普遍经济学理论中最重要的就是能量的来源问题，他将其归于太阳的光辉，因为万物生长靠太阳，地球上的能量均来源于太阳的辐射。太阳不求回报地肆意挥洒自己过剩的光和热，这一极易被人忽视的特点，其实已经暗示了地球上万事万物必须遵循的规律，即它们从太阳的辐射中吸收

① 亚当·斯密，《国民财富的性质和原因的研究》（上卷），郭大力、王亚南译，北京：商务印书馆，1983年，第14页。
② 乔治·巴塔耶，《被诅咒的部分》，刘云虹、胡陈尧译，南京：南京大学出版社，2019年，第67页。

能量,最终触及自己增长的极限后,如同太阳,其所
吸收的过剩的能量同样需要不求回报地消耗掉。
这也是他经过多年思索后,对《耗费的概念》中没有
解决的耗费的动力问题的解答,应该说,这个答案
的确有其理论上的合理性。但巴塔耶在此把太阳
作为"第一动因",既有"客观"的一面,也有"主观"
的一面。而后者,在我看来,就是他所受到的尼采
的相关思想的影响。尼采在《权力意志》第 1067 节
中,很清晰地表达了自己对"世界"的看法:

> 你们也知道我头脑中的世界是什么吗?
> 要叫我把它映在镜子里给你们看看吗?这个
> 世界是:一个力的怪物,无始无终,一个坚实固
> 定的力,它不变大,也不变小,它不消耗自身,
> 而只是改变面目;作为总体,它的大小不变,是
> 没有支出和消费的家计;但也无增长,无收入,
> 它被"虚无"所缠绕,就像被自己的界限所缠绕
> 一样;不是任何含糊的东西,不是任何浪费性
> 的东西,不是无限扩张的东西,而是置入有限
> 空间的力;不是任何地方都有的那种"空虚"的
> 空间,毋宁说,作为无处不在的力乃是忽而为
> 一,忽而为众的力和力浪的嬉戏,此处聚积而
> 彼处削减,(像)自身吞吐翻腾的大海,变幻不

息，永恒的复归，以千万年为期的轮回；其形有
潮有汐，由最简单到最复杂，由静止不动，僵死
一团，冷漠异常，一变而为炽热灼人，野性难
驯，自相矛盾；然而又从充盈状态返回简单状
态，从矛盾嬉戏回归到和谐的快乐，在其轨道
和年月的吻合中自我肯定，自我祝福；作为必
然永恒回归的东西，作为变易，它不知更替，不
知厌烦，不知疲倦。[①]

在尼采看来，驱动这个世界永不停息运转的
"力"，既是一种能量，也是一种力量，不过归根结底
则是"权力意志"。巴塔耶虽然并不认为这个"力"
就是"权力意志"，但对尼采的观点，他却是持赞同
态度的：世界由"力"所驱动，这个"力"处于变动之
中，可改变的只是"面目"，"总体"或"大小不变"，
"此处聚积而彼处削减"，"自我肯定"且"自我祝
福"。而且，尼采也对太阳推崇备至，因为它是"赠
予的德性"的来源和核心："这种新的德性是一种权
力；它是一种支配性的思想，围绕这种思想的则是
一个聪明的灵魂；一个金色的太阳，知识之蛇围绕

---

① 尼采，《权力意志》，张念东等译，北京：商务印书馆，1991
年，第701页。

着这个太阳。"①而查拉图斯特拉的门徒送给他的拐
杖上就雕着围绕太阳的蛇,蛇是智慧的象征,太阳
意味着无私的赠予,这个徽章表达了门徒对太阳般
的"赠予的德性"的感谢。这对巴塔耶不无影响。
当然,这其中也不能排除黑格尔对其的影响。在
《历史哲学》中,黑格尔认为"世界历史"是从东方展
开到西方,而他把东方作为世界历史发展起点的重
要原因就是太阳(光明)从东方升起,可以说,没有
太阳,就没有人类历史的开始。

　　巴塔耶创建普遍经济学的根本目的,就是建构
一种更为宏观也更为一般的"普遍历史"(或"世界
历史")。他建构"普遍历史"的思想与黑格尔、马克
思还有尼采等人的影响不无关系。黑格尔在《历史
哲学》中以"精神"自身在时间中的展开过程为线
索,把"世界历史"的变迁划分为"历史的幼年时期"
的"东方世界","青年时代"的"希腊世界","壮年时
代"的"罗马世界","老年时代"的"日耳曼世界"几
个阶段。用他的话来说就是,"我们所研究的对
象——世界历史——是属于'精神'的领域……我
们在世界历史的舞台上观察'精神'——'精神'在

---

① 尼采,《查拉图斯特拉如是说》,孙周兴译,上海:上海人民
　　出版社,2009 年,第 95 页。

这个舞台上表现了它自身最具体的现实"①。马克思并不认同黑格尔从抽象的"自我意识"或"精神"等"观念"来解读世界历史的方法,更不愿意接受"现实世界"是"观念世界"的产物的思想,他试图从生产力与生产关系的互动来把握人类的历史。在1845年的《德意志意识形态》中,他用"生产力"取代了黑格尔的"观念"即所谓"精神"的位置:"已成为桎梏的旧交往形式被适应于比较发达的生产力,因而也适应于进步的个人自主活动方式的新交往形式所代替;新的交往形式又会成为桎梏,然后又为另一种交往形式所代替。由于这些条件在历史发展的每一阶段都是与同一时期的生产力的发展相适应的,所以它们的历史同时也是发展着的、由每一个新的一代承受下来的生产力的历史,从而也是个人本身力量发展的历史。"②据此,他把人类社会的历史分为以下几个阶段,即"部落所有制""古典古代的公社所有制和国家所有制""封建的或等级的所有制"等。1859年,他又在《〈政治经济学批判〉

---

① 黑格尔,《历史哲学》,王造时译,上海:上海书店出版社,2006年,第15页。

② 马克思、恩格斯,《德意志意识形态》,见《马克思恩格斯文集》第1卷,中央编译局编译,北京:人民出版社,2009年,第576页。

序言》中加以改进:"大体说来,亚细亚的、古希腊罗马的、封建的和现代资产阶级的生产方式可以看(作)经济的社会形态演进的几个时代。"①尼采在《论道德的谱系》中对人们有关"好和坏"及"善与恶"等"道德"观念的由来进行考察,指出人类的历史就是僧侣打败贵族,奴隶战胜主人,或者说就是一场"罗马人反对犹太人,犹太人反对罗马人"的历史。②

　　而在《被诅咒的部分》中,巴塔耶既没有像黑格尔那样以"精神""理性"或"自由"等"观念"出发来探讨历史,也没有像马克思那样主要从生产的角度来考察人类历史的变化,更没有像尼采那样从道德的演化来考察人类的历史变迁。他是从"耗费"或"消耗"出发,把历史上已有的社会形态区分为"消耗社会""劳动社会""工业社会"和其后由苏联与美国所代表的新型社会,并分别对其进行了不乏新意的解读,从而为我们呈现出一幅既熟悉又陌生的历史图景,也为他自己所梦想建立的"普遍历史"提供了一个坚实的基础。

---

① 马克思,《〈政治经济学批判〉序言》,见《马克思恩格斯文集》第2卷,中央编译局编译,北京:人民出版社,2009年,第591页。
② 尼采,《论道德的谱系/善恶之彼岸》,谢地坤、宋祖良等译,桂林:漓江出版社,2007年,第31页。

3. 消耗社会

巴塔耶通过分析墨西哥地区阿兹特克人的献祭和战争,还有盛行于北美洲西北部印第安人原始部落的夸富宴,描述和总结了"消耗社会"的特征。

首先,巴塔耶借助于 16 世纪西班牙方济各会修士伯纳狄诺·迪·萨哈冈编撰的《新西班牙物之史》对阿兹特克人的研究,从消耗的角度对阿兹特克人所热衷的献祭和战争进行了解析。也可以说他是从阿兹特克人的献祭和战争中发现了其所具有的消耗的特征。阿兹特克人是印第安人的一支,拥有很高的文明,他们使用象形文字,天文学、医学、农业技术都很发达,建立了人工灌溉系统,培植了玉米、辣椒、可可、番茄等泽被后世并且对世界历史进程影响很大的农作物。在 15 世纪和 16 世纪初,他们在墨西哥建立了一个伟大的"阿兹特克帝国"。但是,巴塔耶认为,他们并未把自己发达的文明用于"有用的"事物,他们所有重要的事业几乎都是"无用的"。比如,他们运用建筑科学建造的并不是舒适的住宅,而是宏伟的金字塔,就在高耸的金字塔塔顶,他们用数不清的活人来献祭。他们的医学也主要体现在高超的人体解剖术上,这是祭司们用锋利的黑曜石刀灵巧地切开人的胸膛挖出心脏所必需的技能,也是熟能生巧的必然结果。同时他们也知道用草药来做麻醉剂,让那些被献祭的人在被切开身体的时候不感到痛苦。之所以如此,是因为他们的世界观与我们的截然不同,"耗费在他们思想中的地位丝毫不亚于生产在我们思想中的地位。他们关心献祭,就像我们关心工作一样"①。而他们献祭的对象又与其对太阳的崇拜有关。太阳在他们眼里,本身就是一种献祭的结果。根据其部落的神话传说,把光带到世界上的是两位神,一个叫"特库希斯特卡特尔",即月亮神,另一个叫"纳纳华特辛",即太阳神。他们从众多的神中间被选出,前者因为在跳进炉膛时犹豫了四次才进去,光芒没有后者明亮,就成为月亮,而后者因为勇敢,一跃而入烈焰中成为太阳。剩下的神则被风神杀死,他们的心脏也被挖出,用以激活那些新生的星星。这个神话与阿兹特克人的信仰是相似的。在他们看来,太阳是有生命的,不论是献祭还是战争,都是为了让太阳神享用到他们所供奉的这个世界上最珍贵的东西,即人的心脏和鲜血。因为只有吃了这些东

---

① 乔治·巴塔耶,《被诅咒的部分》,刘云虹、胡陈尧译,南京:南京大学出版社,2019年,第93页。

西，太阳才能在第二天照常升起，继续放射光和热，并使他们风调雨顺、五谷丰登。所以，在崇拜太阳的名义下，阿兹特克人每年都会进行人祭，并遵守禁食等相关献祭的程序，在崇高的金字塔的塔顶，这也是大地上最接近太阳的地方，用黑曜石刀把牺牲者杀死并剖开他的胸部，将仍在跳动的心脏向太阳高高举起，奉献给这位至高的神，以维持其永恒的生命。因为太阳神是有皮肤病的，所以他们常挑选麻风病人来献祭。不过，更多的牺牲者还是战俘，他们不断被作为人牲献祭的目的就是让太阳能够存活下去，这也是部落之间维持战争的原因："战争的意义是消耗，而不是征服，并且墨西哥人认为，如果战争停止，太阳就会停止发光。"①这种战争具有很强的宗教特征，以至于部落的接生婆在切断新生儿的脐带时，其祝词也是希望孩子将来能死在战场上，把自己献给太阳和大地。而他们的献祭在今人看来可谓充满血腥且不可理喻，有时一天就会屠杀上千人来献祭，甚至更多。

因此，巴塔耶指出，对于阿兹特克人来说，他们献祭和发动战争的目的，以及存在的意义，就是消

---

① 乔治·巴塔耶，《被诅咒的部分》，刘云虹、胡陈尧译，南京：南京大学出版社，2019 年，第 97 页。

耗。即使后来他们出于军事目的不再大规模屠杀俘虏，而用遴选出来的囚犯以仪式化的献祭替代了俘虏的献祭，也只不过是一种比较节制的耗费而已，并未改变这一行为或整个社会的消耗性质。巴塔耶认为，献祭所消耗的不论是奴隶、战俘，还是囚犯，都是"有用的"财富，而且在他们被选为牺牲者时，将获得前所未有的优待：他们会被给予鲜衣美食，并与献祭者一起享受节日的狂欢，一起唱歌跳舞，一起饮酒作乐。甚至，在这一过程中浪费在他们身上的财富，在当时看来，其价值也远比他们的生命宝贵。因此，他们实际上是一种能量的"过剩"，也就是"被诅咒的部分"，即注定要被不求回报地损失掉的过剩的资源。其实，向太阳献祭是很多原始部落的特点，玛雅人和南美洲的印加人也都有向太阳献祭的风俗，而"印加"（Inca）的意思就是"太阳的子孙"。只是他们以人牲献祭的表现没有阿兹特克人那么突出而已。因为当时阿兹特克人所生活的墨西哥谷地一直存在着人多地少的矛盾，仅在其首都特诺奇提特兰（今墨西哥城），就生活了二十多万人，但收成却不足以养活这么多人。于是，把大批的战俘送上金字塔顶献祭也就成为一种非常"经济"的做法，否则养活他们又得消耗大量的粮食。显然，用巴塔耶的普遍经济学的观点来看,对于这个系统来说,其过剩的能量就是人口,要消耗的也是人,尽管消耗的手段比较残忍和极端。

其次,继 1933 年在《耗费的概念》中对莫斯在《礼物》中言及的夸富宴进行分析之后,巴塔耶在《被诅咒的部分》中以"竞争性馈赠"为题再次对夸富宴进行了分析。这次,他认为夸富宴中礼物的赠予不仅是耗费的一种重要的形式和本质,同时也是消耗社会的一个类型。虽然在这些原始部落里同样有血淋淋的人祭存在,但带有"炫耀"色彩的礼物的赠予更加突出。拥有巨大财富统治者和部落首领的功能之一,就是沉湎于炫耀性的浪费,特别是承担非生产性的耗费。巴塔耶引用资料,指出他们为战争和献祭捐献大笔金钱,在游戏中投入异常珍贵的东西作为奖品,当平民冒险取悦了他们,他们将毫不吝啬地赏赐给其食物、饮料、衣物等。不过,这样的挥霍并非限于统治者或部落首领:

> 统治者只是最富有的人,但富人、贵族、"商人"都要根据自己的力量和形象回应同样的期待。节日不仅是鲜血的流淌,更是普遍意义上财富的倾注,每个人都在其能力范围内有所贡献——节日给每个人提供展示能力的机

会。通过俘获（战争中）或购买，战士和"商人"提供用于献祭的牺牲品。墨西哥人用石头筑起神庙，并以神像装饰。宗教仪式使贵重的祭品大量增加。主祭和牺牲者的装扮十分奢华，仪式的宴会也导致可观的耗费。[①]

而这样的"耗费"大都是靠富人和"商人"（需要指出的是，这里的"商人"只具有一种礼物交换的功能，并不以赢利为目的，不是现代意义上的商人）支出的，巴塔耶认为其支出的最为典型和炫耀性的形式就是作为礼物赠予的表演的夸富宴。显然，他的这个观点再次深化了莫斯的礼物交换的理论。在主要于冬季举办的夸富宴这个盛大的"炫财冬宴"上，充满了竞争性馈赠。而且，这种竞争虽然由首领出面，但其责任却由整个氏族承担，因此，这其实是一种"竞技式的总体呈献"。

首领的个人名誉及其氏族的名誉与耗费、高息还礼的确定性，这两者之间联系的紧密程度是无以复加的，这种联系要求人们把别人加

[①] 乔治·巴塔耶，《被诅咒的部分》，刘云虹、胡陈尧译，南京：南京大学出版社，2019年，第115页。

给自己的义务再转化成加给别人的义务。那里的消费与毁坏简直是没有限度的。在某些夸富宴中,人们必须要倾其所有,分文不留。最富有的人也就是挥霍最疯狂的人。基本的原则是对峙与竞争。个体在盟会和氏族中的政治地位以及各种等级都可以通过这种"财产之战"(guerre de propriété)取得,就如同借助战争、运气、遗产、联盟和婚姻取得一样。其实,一切都被当成了"财富之争"(lutte de richesse)。子女的婚姻、盟会中的地位都完全取决于交换或回报的夸富宴。正如在战争、游戏、赛跑、打斗中失败一样,夸富宴上的失败也会使人们失去婚姻或地位。①

因此,夸富宴是一种可怕的财富挑战与消耗,有时参与者会无所不用其极。比如,一个部落首领会在竞争者面前炫耀性地杀死自己的奴隶,作为一种礼物赠予对方,而受到挑战的竞争者则会在合适的时间在其面前杀死更多的奴隶来回应这一挑战。这实质上就是把献祭的人牲转换为"礼物",在这种

---

① 马塞尔·莫斯,《礼物》,汲喆译,上海:上海世纪出版集团,2005年,第68页。

"礼物"的竞争中,奴隶就是过剩的能量,所以不得不将其损失掉。还有的时候,为了不让对方还礼而"一招制胜",一些印第安人会把他们的村落放火焚烧掉,把整箱的燃烛和鲸油也烧掉,并砸碎自己的独木舟,甚至把象征财富的铜条打碎再扔到水里,目的也都是一样的。我国《世说新语》"汰侈"篇中所记载的西晋豪富石崇与王恺"争豪"的故事,也是一种典型的夸富宴,两人的"争豪"就具有强烈的竞争性。

但不论哪种形式的"夸富",莫斯认为其目的都是压倒对方,以获得某种优于对方的荣誉、等级和政治地位。对于莫斯的这个观点,巴塔耶基本上是认同的,但他同时指出,如同阿兹特克人的献祭,北美印第安人的夸富宴也应该从普遍经济学的角度得到重新审视。巴塔耶认为,尽管在夸富宴所处的特定的时空中,其过剩能量的运动并没有被理性还原为"有用性",但印第安人一样可以有意无意地调整自己的活动,来保证这种外在于自己的能量的顺利运行,使系统不至于因能量过剩无法处理而崩溃。所以,他指出,夸富宴的"问题在于剩余的耗费。我们应该赠予、损失或毁坏"[1],从而有助于对

---

[1] 乔治·巴塔耶,《被诅咒的部分》,刘云虹、胡陈尧译,南京:南京大学出版社,2019年,第123页。

过剩能量的消耗。至于主体在这种对礼物的赠予和在对财富的损失中所获得的具体"权力",只是一种"有限的"目的。主体通过夸富宴获得了威望、光荣和地位,而这些"不能与权势相混淆。或者,如果威望是权势,那么前提条件在于权势本身摆脱人们通常将其归于其中的力量与权利的观念。甚至必须说,权势和损失的权力之间的一致是根本性的",与"一种无节制能量耗费的运动"联系在一起,这才是夸富宴的真义。[1]"夸富宴的典型效应体现在这样一种可能性中:人可以抓住逃离他的东西,并将宇宙的无限运动与属于他的界限结合起来。"[2]这正是巴塔耶超越莫斯的地方,莫斯看到的只是夸富宴"有限的"作用,如获得荣誉、地位、权力等,可巴塔耶看到的却是其消耗过剩能量的更大的、相对来说也更"无限"的作用。因此在他眼中,夸富宴与献祭本质上是一回事。巴塔耶将献祭和夸富宴视作消耗社会最重要的特征,其着眼点也在于此:"一般来说,献祭从世俗的流通中提取有用产品;夸富宴的馈赠原则上使最初无用的物品进入流通。古代的

---

① 乔治·巴塔耶,《被诅咒的部分》,刘云虹、胡陈尧译,南京:南京大学出版社,2019年,第125—126页。

② 同上,第123—124页。

奢侈业是夸富宴的基础:这一行业大量挥霍等同于可自由使用的人类劳动总量的资源。"[1]在巴塔耶看来,原始社会大多是这样一种消耗社会,它并不着意于对生产力和财富的积累,却以献祭或夸富宴的形式消耗其系统中过剩的能量,这就是其典型的特征。

4. 劳动社会

巴塔耶指出,"劳动社会"与"消耗社会"的最大不同,就是其过剩的能量或资源并不像后者一样被白白地消耗,损失在非生产性的事物上。因为,通过吸收这种"过剩","社会可能发展,于是能量的过剩就被有意地留作增长之用。增长起调节作用,它将无序的沸腾引向有序的生产性工作"。[2]也就是说,这种社会主要把过剩的资源用于自身的扩张与增长,而非浪费或奢侈,从而消耗其过剩的能量,以维持系统的平衡。在这个前提下,巴塔耶把劳动社会分为两种,其中之一是"军事行动社会"。

---

[1]　乔治·巴塔耶,《被诅咒的部分》,刘云虹、胡陈尧译,南京:南京大学出版社,2019年,第131—132页。

[2]　同上,第91页。

巴塔耶认为,军事行动社会是与那种虽然有战争却是消耗社会的社会截然不同的,因为战争和征服需要理性的组织,它不会沉迷于疯狂的献祭,对可以转化为战争人力资源的奴隶进行大规模杀戮,以求得上帝的荣耀或者世俗的尊重。所以,虽然战争频仍,但阿兹特克人的社会并不是一个军事社会。他们的战争是非理性的,以屠杀大批的俘虏向太阳献祭为目的,它所坚持的是"宗教至上"而非"军事效益至上"。因为,"真正的军事社会是一个行动社会,对其而言,战争的意义是权力的发展,是统治权的有序推进。这是一个相对温和的社会,它将行动的理性原则引入习俗中,其目的指向未来,并将献祭的疯狂排除在外"①。以这个原则来考察伊斯兰社会,则会发现它实际上是理性的社会。虽然在欧洲对于伊斯兰教的研究不断,也是"东方学"中的显学,但这些研究并不能让巴塔耶满意。巴塔耶指出,作为与佛教、基督教并列的三大宗教之一,伊斯兰教有其内在的矛盾性,赋予其一种意义的确是困难的。"伊斯兰"这个词是"顺从"的意思,而"穆斯林"一词的意思是"顺从的人",但"伊斯兰"这

---

① 乔治·巴塔耶,《被诅咒的部分》,刘云虹、胡陈尧译,南京:南京大学出版社,2019年,第105页。

个词同时也和反抗与追求自由联系在一起,如《古兰经》中就有"真主不爱压迫者"的话。巴塔耶在文献学校的校友、图书和档案学家埃米尔·德曼罕对伊斯兰教所倡导的"顺从"的价值观表示肯定,指其用自由反对奴役、用温顺反对暴力等。但巴塔耶对他的说法提出质疑:"不能因此忘记,在伊斯兰教中,统治权普遍具有专制的特征。自由难道不是在反抗中被建立,不顺从不也同样如此吗?"[①]之所以大家在谈到伊斯兰教时,只能求助于一些陈词滥调,巴塔耶认为主要还是因为没能从新的角度来看待伊斯兰教。如果从普遍经济学来给予其解释,则会对伊斯兰教有新的认识。为此,巴塔耶特地梳理了伊斯兰教的历史,从中找出了其被人忽视的质的规定性。巴塔耶指出,穆斯林所要求的"顺从",是"顺从"真主,并"顺从"真主所要求的纪律。这与佛教和基督教是不同的,因为佛或基督是对"我们"这些普通人讲话,而穆罕默德讲话的对象则是"其他人",即穆斯林。事实上,"伊斯兰教是与变化无常的男子气概相悖、与多神教部落中阿拉伯人的

---

① 乔治·巴塔耶,《被诅咒的部分》,刘云虹、胡陈尧译,南京:南京大学出版社,2019 年,第 139 页。

个人主义相悖的纪律"①。对穆罕默德来说,"圣战"
不是穆斯林对抗非伊斯兰教徒,而是穆斯林对抗
自身。

因为,巴塔耶发现,在公元 622 年之前——那
时穆罕默德尚未从麦加流亡到麦地那——阿拉伯
社会也是个原始的消耗社会,"个人或部落间的竞
争,英勇、殷勤、挥霍、雄辩和诗才的对抗,在那里扮
演最为重要的角色"②。这些都不是生产性的,而且
在他们之间,礼物的馈赠和炫耀性的浪费也都非常
流行,不仅保持着多神教,很多部落还有血祭,这明
显是消耗社会的特征。而从《古兰经》中"不要为了
得到更多而给予"这样的规定也可以推断出某种形
式的夸富宴的存在。但是巴塔耶认为,自公元 622
年穆罕默德流亡到麦地那后,初生的伊斯兰教或伊
斯兰社会被穆罕默德及其信徒迅速转换成军事行
动社会。巴塔耶把穆斯林的清教主义行动比作一
个工厂领导采取的行动。穆罕默德的教义反对前
伊斯兰部落所尊崇的"男子气概"的理想,并规训流
行于过去消耗社会中的习俗,他禁止穆斯林群体内

---

① 乔治·巴塔耶,《被诅咒的部分》,刘云虹、胡陈尧译,南京:
　南京大学出版社,2019 年,第 139 页。
② 同上,第 142 页。

部的血腥复仇、杀害孩童、饮酒作乐、带有竞争意味
的馈赠等，他把这种无用的消耗转化为对社会有用
的"施舍"。《古兰经》鼓励人们把属于亲人、穷人和
旅行者的东西还给他们，并谴责浪费。于是，

> 极度的慷慨，部落最重要的美德，突然间
> 成为憎恶的对象，并且个人的骄傲也受到诅
> 咒。挥霍、执拗、野蛮的战士，女子的爱慕者或
> 情人，部落诗歌中的英雄，让位于虔诚的士兵，
> 教律和礼仪的恪守者。集体祈祷的习俗也始
> 终在外部表明这一变化：它被恰当地比作统一
> 人心并使其机械化的军事训练。《古兰经》（或
> 《圣训》）与变化无常的诗歌世界之间的对比象
> 征着这种拒绝。[①]

巴塔耶认为，正是在这种转化中，整个伊斯兰
社会变成了"一台令人惊叹的机器"，个人的资源不
再被无目的地浪费，而是被纳入这种严格的一致化
的军事秩序中，作为不断增长的力量被储存起来，
以用于将来的"扩张"。

---

① 乔治·巴塔耶，《被诅咒的部分》，刘云虹、胡陈尧译，南京：
南京大学出版社，2019 年，第 145 页。

　　此外,巴塔耶指出,伊斯兰教对过剩能量的积累与资本主义对过剩能量的处理具有相似的性质。不过,伊斯兰教的积累只是为军事用途做准备,而资本主义则是为了工业的增长。他同时指出,伊斯兰教的积累不仅吸收了往昔对能量的非生产性消耗,还吸收了那些不能转化为用于反对外部势力的力量,所以,整个社会呈现出一种积累的特征。显然,巴塔耶运用普遍经济学的原理来研究伊斯兰社会时,着眼点并不在于其能量的消耗,而在于其能量的积累:"伊斯兰教首先不是消耗,而与资本主义一样,是可使用力量的积聚。"①

5. 工业社会及其他

　　巴塔耶所谓的"工业社会"就是宗教改革后的资本主义社会,也就是我们所谓的"现代世界"。他这个观点来自马克斯·韦伯的思想,即现代经济主要是资本主义的工业经济。他也基本上认同韦伯所指出的资本主义精神与新教伦理的关系:在提倡节俭、努力工作和利益计算的资本主义兴起的过程

---

① 乔治·巴塔耶,《被诅咒的部分》,刘云虹、胡陈尧译,南京:南京大学出版社,2019 年,第 148 页。

中,新教徒扮演了至关重要的角色。并且在这一过程中,影响最大的不是带有农民色彩的路德,而是代表商业城市中产阶级意愿的加尔文,后者影响的区域是与资本主义工业发展的区域相对应的,如荷兰、英国和美国等。有趣的是,在一个地区内,新教徒相对而言更多地经商,天主教徒则更多地从事自由职业。经商需要守时、克勤克俭、精于理性的计算等,自由职业则对时间没有严格要求,更随意一些,或更"懒惰"一些。这也从侧面说明了韦伯理论的有效性。

但巴塔耶主张从一个更为宽泛的角度,即普遍经济学的视野来看待其中的联系。他认为,正如新教与资本主义的现代经济密切相关一样,前资本主义的经济,即中世纪欧洲的经济是与罗马天主教相对应的。这两种不同的宗教提倡了不同的价值观念,恰与其所起作用的社会经济形态相吻合。然后,他从社会的可用资源的使用方式入手,对这两种不同的社会形态的特征进行了区分。他指出,"中世纪经济与资本主义经济的区别在于,很大程度上,前者是静止的,它将过剩财富用于非生产性消耗,而后者则致力于积累并确定生产机制

的积极增长"①。换句话说,他认为中世纪的欧洲社
会是消耗社会,而资本主义社会则是积累社会。

借助英国经济学家、历史学家托尼在《宗教与
资本主义的兴起》中对中世纪社会的研究,巴塔耶
运用普遍经济学的观点对前资本主义的中世纪社
会进行了分析。在托尼看来,中世纪经济的基本原
则就是人们的生产活动服从于基督教道德的法则。
在中世纪的思想里,社会就像一个由不同质的部分
构成的生命体,具有不同等级的功能。在其中,生
产者是身体,贵族和教士是大脑,生产者必须也有
义务供养后者。但是,后者必须提供他们所能提供
的东西,贵族保护生产者的安全,教士使生产者参
与神圣生活,提供他们在日常生活中所要遵循的道
德规范。

在这种相互缠绕的关系下,中世纪社会被导向
对产品的消耗,其过剩的资源主要被数量众多的教
士的"闲散"所消耗。巴塔耶指出,"无所事事的人
像火一样彻底摧毁其赖以生存的产品"②。这与修
建金字塔、喝酒并无区别,因为它们都是不求利益

---

① 乔治·巴塔耶,《被诅咒的部分》,刘云虹、胡陈尧译,南京:
　南京大学出版社,2019 年,第 155 页。
② 同上,第 158 页。

回报的消耗。与之相伴的宗教活动,如献祭、节庆、奢侈的设施等,把社会过剩的能量吸收殆尽。路德的改革所否定的就是这个巨大的消耗系统。他愤怒的就是这支庞大的教士队伍浪费了欧洲过剩的财富,并且刺激贵族和商人去浪费。不同于路德的完全否定,加尔文虽然也否定这个消耗系统,把价值从中世纪的非生产性消耗活动中分离出来,但他并没有否定其中的经济活动,所以受加尔文主义影响的地区,资本主义的商业和工业都有相当的发展。正是这种有利的条件使工业得以兴起,这也是宗教改革的意义:"一方面闲散和奢侈受到谴责,另一方面企业的价值得到肯定。对宇宙这一无限财富的直接利用被严格保留给上帝,人类则完全献身于劳动,献身于将财富——时间、生计和各种资源——用于生产装备的发展。"①巴塔耶认为,由此兴起的资本主义摧毁了宗教的"神圣世界",非生产性的消耗世界,把地球交给了生产的人,交给了资产阶级。于是,传统的消耗社会迅速转变为现代的积累社会,即资本主义社会。

在巴塔耶看来,资本主义的积累主要围绕工业

---

①　乔治·巴塔耶,《被诅咒的部分》,刘云虹、胡陈尧译,南京:南京大学出版社,2019 年,第 165—166 页。

化展开,即主要围绕生产资料的积累展开。在这种
背景下,非生产性的耗费被压制,奢侈受到谴责,闲
散被人不齿,人们努力工作,尽可能把可用的资源
投入生产资料,以加速生产。巴塔耶认为就这种积
累型的工业社会来说,苏联是一个非常突出的典
型。因为,如果搁置其与资本主义意识形态的差
异,将其看作一种新颖的经济管理形式的话,二者
在本质上并无区别。当然,巴塔耶的这个思想也与
韦伯的影响有关。韦伯从现代官僚体制存在的必
要性和优越性出发,指出"经济生产到底是以资本
主义方式或社会主义方式来组织,实质上并无差
别"①。1917 年后新生的苏联实际上是个现代的积
累社会。为了响应工业化的要求,苏联不得不采用
极为严厉的工业化政策。由于它需要在短时间内
实现工业化,所以必须迅速走过法国等发达的老牌
工业化国家上百年走过的积累道路。而此前的沙
皇俄国与中世纪的欧洲各国无异,在经济形态上,
它也是个消耗社会,僧侣、贵族与军队消耗了大量
的过剩资源,要迅速实现逆转,只得采取让世人惊
讶的严厉手段。巴塔耶的解释就从这一点展开:

---

① 韦伯,《经济与历史支配的类型》,见《韦伯作品集》(Ⅱ),康
乐等译,桂林:广西师范大学出版社,2004 年,第 318 页。

"但它的经济基础提前决定了其意义:这一斗争只能终结非生产性挥霍并将财富专门用于国家装备。……必须减少这些非生产性耗费以促进积累。或许这一缩减将触及有产阶级,但如此提取的部分无法用于,或者说其次才能用于改善劳动者的命运,它首先要被投入工业装备中。"[①]随之而来的是社会的高压政策,其目的是维持这台积累机器的不停运转,而为了满足工业化对农业资源和人力资源的巨大需求,它又强制实行了土地的集体化。巴塔耶认为,这种积累其实与资本主义早期的积累并无不同,所以,他并不主张一味对苏联那种严酷的统治进行谴责,提醒大家应从其经济原则上的内在需求找原因。

与此相比,巴塔耶对美国战后实行的马歇尔计划进行分析后得出的结论更令人惊讶。他认为,作为世界上最强大的国家,能量过剩的美国所面临的问题不是如何更快更好地积累自己的资源,而是如何更快更多地消耗自己的过剩能量。如果不及时消耗自己过剩的能量,美国这个系统本身极可能崩溃。其实,美国始终存在这样的问题,两次世界大

---

① 　乔治·巴塔耶,《被诅咒的部分》,刘云虹、胡陈尧译,南京:南京大学出版社,2019 年,第 199 页。

战某种意义上使它巧妙地消耗了自己的过剩资源而免于崩溃。实施马歇尔计划是符合普遍经济学原理的。美国不过再次巧妙地为自己的过剩找到了一个出口，平缓地、顺利地，而不是剧烈地依靠战争这个可怕的出口来消耗自己过剩的能量。巴塔耶认为，这也是美国始终强大的原因，它并不是通过战争获得了更多的资源，而是通过战争顺利地消耗了自己的资源，使其系统在相当长的时期内保持相对的平衡，从而维持自己的强大。

　　避免系统崩溃的最直接也最可能的方式就是战争。当然，战争的威胁不仅来自美国，苏联的无限积累也迟早要达到自己的限度，那个时候，它随时都有可能发动战争。可是来自美国的战争威胁更大，因为"从根本上看，战争的危险来自拥有丰盛产品的一方：如果出口困难且没有打开其他出路，那么唯有战争可以成为消耗工业过剩的办法"①。与苏联相比，美国已经处在能量积累的限度的边缘，这才是美国实施马歇尔计划的真正原因。当然，苏联的积累也是危险的，终有一天它会走到自己的尽头。所以，巴塔耶认为，世界的和平是动态

____

① 乔治·巴塔耶，《被诅咒的部分》，刘云虹、胡陈尧译，南京：南京大学出版社，2019年，第219页。

的,随时随地可能发生变化。自然,这取决于世界
这个系统的能量循环是否平稳和顺利。不过,他同
时指出,战争并不是唯一的必然的消耗方式,经济
竞赛同样可以消耗过剩的资源。但不论系统如何
变化,其消耗方式如何多样和巧妙,其稳定总是动
态的,随时可能发生意想不到的变化。之后苏联的
解体大概就是巴塔耶意想不到的。当然,我们也可
以尝试用他的观点对此进行解释:苏联的积累终于
触及其增长的界限,但它没有像美国那样及时消耗
其过剩,最终不可避免地走向解体。

6. 总结

巴塔耶从"总体性"思考问题,从他的普遍经济
学出发对社会的历史形态进行分析,把社会能量的
循环看成一个完整的系统,从能量的积累或者消耗
中解剖出各种社会形态的能量循环方式,进而形成
了自己在政治经济学意义上的"普遍历史",的确给
人以焕然一新之感。实际上,他的分析不仅涉及社
会的经济形态,还涉及政治、宗教,以及对人之存在
的形而上学思考。正如巴塔耶在《被诅咒的部分》
的开章所说,他所进行的思考是"哥白尼式"的,米

歇尔·索亚在谈到巴塔耶这本阐述普遍经济学的
书时说：

> 他选择以内在对先验，恶对善，无用对有
> 用，无序对有序，传染对免疫，耗费对资本化，
> 即刻对目标，现在对将来（瞬间对时间），荣耀
> 对权力，冲动对算计，疯狂对理性，无限的挥霍
> 对过度节俭的屈服，主体对客体，存在对救赎，
> 交流对分离。这就是一本如此疯狂的书的挑
> 战，最终，我们不知道，它是否是对权力、政治、
> 增长、经济学或形而上学的思考……无疑，它
> 是所有这些……巴塔耶终其一生是为了写作
> 一部"普遍历史"。尽管只有一个大纲，《被诅
> 咒的部分》仍是他关于这种可能之事最好的观
> 点的一本书。[1]

　　当然，在巴塔耶"普遍历史"的构架中，经济只
是一个角度。在他宏大的构想中，这个"普遍历史"
还应涉及战争、宗教、劳动、奴隶制度、革命、至尊性

---

[1] Michel Surya, *Georges Bataille: An Intellectual Biography*. Trans. Krzysztof Fijalkowski and Michael Richardson, New York: Verso, 2002, p386.

等。遗憾的是,这一切还没有完成,巴塔耶就已离开人世。不过,正如米歇尔·索亚所言,这本书就足以让我们窥一斑而知全豹。

张生[1]

2008 年 12 月 10 日于上海五角场

2018 年 9 月 14 日修改于同济

---

[1] 张生(1969—),毕业于南京大学中文系,获博士学位。现为同济大学中文系教授、文艺美学专业博士生导师。曾任上海交通大学中文系副主任、同济大学中文系主任。现主要从事法国理论、中国现代美学与中国现当代文学研究,业余进行小说写作。出版专著有《时代的万华镜:从〈现代〉看 20 世纪 30 年代初中国文学的现代性》《巴塔耶五讲》,译著有《权力的精神生活》《美国》《水印》等。

图书在版编目(CIP)数据

被诅咒的部分/(法)乔治·巴塔耶著;刘云虹,
胡陈尧译. —南京:南京大学出版社,2019.1(2021.3 重印)
(棱镜精装人文译丛)
ISBN 978 - 7 - 305 - 20981 - 9

Ⅰ. ①被… Ⅱ. ①乔… ②刘… ③胡… Ⅲ. ①经济思
想—研究 Ⅳ. ①F0

中国版本图书馆 CIP 数据核字(2018)第 223676 号

出版发行 南京大学出版社
社　　址 南京市汉口路 22 号　　　　邮　编 210093
出 版 人 金鑫荣

丛 书 名 棱镜精装人文译丛
书　　名 被诅咒的部分
著　　者 [法] 乔治·巴塔耶
译　　者 刘云虹　胡陈尧
责任编辑 顾舜若
照　　排 南京紫藤制版印务中心
印　　刷 江苏苏中印刷有限公司
开　　本 787×1092　1/32　印张 9.5　字数 146 千
版　　次 2019 年 1 月第 1 版　2021 年 3 月第 3 次印刷
ISBN　978 - 7 - 305 - 20981 - 9
定　　价 49.00 元

网　　址 http://www.njupco.com
官方微博 http://weibo.com/njupco
官方微信 njupress
销售咨询 025 - 83594756